こどもの
みらい叢書
4

遊びからはじまる

松崎行代

世界思想社

はじめに

遊びをせんとや生まれけむ　戯《たはぶ》れせんとや生まれけん
遊ぶ子どもの声聞けば　わが身さへこそ揺るがるれ

（『梁塵秘抄《りょうじんひしょう》』より）

髪の毛が汗でびっしょりと濡れてしまうほど、時間を忘れて園庭を駆け回り鬼ごっこに興じる子どもたち。空き箱で車をつくり、ひとり部屋の片隅で何度も竹串に刺したタイヤを調整しては、まっすぐ走らせようと挑む子ども。

子どもたちの遊びこむ姿は、声をかけるのをためらうほど真剣です。心もからだも一〇〇パーセント遊びに没頭している子どもの姿を目にすると、この『梁塵秘抄』の言葉が頭をよぎり、「あぁ、子どもは、遊ぶために生まれてきた人たちなのだ」と納得するのです。

大人にも、当然、子ども時代はありました。しかし多くの大人は、ただ楽しいからやっているという「遊び」を忘れてしまっているように思います。

私は、大学の児童学科の教員で、子どもの発達に関心をもつ学生や保育者を目指す学生たちと、人形劇や絵本、玩具といった児童文化財について考え、地域での児童文化活動も実践しています。そんななか、保育者を目指す学生や、子どもを育てるお母さん・お父さんのなかにも、「子どもと遊べない大人」がいることを感じてきました。実際、この問題はずいぶん前から話題にもなっていました。

子どものなかに入っていけない。本を見ながら工作を教えたり、子ども向けの映画やテレビ番組の動画を見せたりするだけで、子どもと一緒に遊びこむことができない。休日に子どもとどう遊んでいいかわからず、大型ショッピングセンターに買い物に出かけ、ゲームコーナーや飲食店に立ち寄ってプチイベントとする。

こうした「子どもと遊べない大人」の話を聞くと、大人が思う子どもの「遊び」のイメージと子どもが実際に楽しいと感じる「遊び」との間に、相違があるように思うのです。子どもたちは、すべて整えられた場で、大人から指示を受けて、大人が評価する活動をすることには満足しません。そこには、子ども自らが主体となって心を動かしからだを動かす楽しさやよろこびがないからです。

生まれたての赤ちゃんも、音のする方に耳を傾け、光がさす方に目を向け、においをかぎわけ、手や口でふれて、自分の周りの世界を知ろうとする力をもっています。乳幼児期は、自分の周りの人や、有形・無形の様々なものに興味をもち、観察し、手に取り、扱って、それがなんであるのか知っていこうとする時期です。私は、これこそが、子どもにとっての「遊び」だと考えています。つまり、子どもが世界にふれ、知り、世界とつながって生きていく活動そのものが遊びだと思うのです。そして、遊びをとおして、人間として生きていく力の基礎を身につけるのが、幼児期の育ちだと考えます。

「〇〇遊び」と名づけることができない遊びは無数にあります。戸外をぶらぶらと散歩して虫や草花を見つけることも、ティッシュペーパーを箱からつぎつぎに引き出すいたずらのような行動も、使いはじめたスプーンでご飯をすくって口にはこぶ食事も、玩具をそれぞれの棚やかごにしまうかたづけも、生活のなかのほとんどすべてが、子どもにとってみたら世界と出会う「遊び」です。

地面に座り込んで砂を触っている子どもがいたら、傍らにしゃがんで同じことをやってみる。砂をすくって、落として、集めて、固めて、くずして、一緒に砂粒の感触を味わってみる。子どものつぶやきに耳を傾け、「そうだね」と相づちをうちながら、何かを発見している心に寄り添う。そうした時間を積み重ねていくなかで、「子どもって面白いなあ」と子どもに対する見方が変わり、子どもとの関わり方も変わっていくのではないかと思います。

もう一つ、子どもの育ちについてお話ししておきたいことがあります。それは、乳幼児期の子どもの発達は「丸ごと」だということです。様々な経験が絡みあい、心もからだも動きあって、育っていくということです。幼児期の子どもに必要なのは、小学校以上の教科学習のような、体系化・分化された教育ではありません。

たとえば、「言葉」の育ちを取り上げましょう。信頼できる大人がそばにいて、やさしく話しかけてくれる環境にいる子どもは、かけられた言葉をしっかりと自分のなかにためこみ、応えたい、つながりたいという気持ちを膨らませます。やがて立って歩き回ったり、手先を思うように動かせるようになると、この世界の様々なものに出会っていきます。そうして知った驚きや喜びを、大好きな人に言葉で伝えたいという思いが育っていきます。三歳ごろに言葉で自分の思いを伝える会話ができるようになるのは、生まれてからの環境や人間関係、心身の発達や経験がすべて絡みあって土台となっているからです。

遊びから〝生〟が始まります。遊びは、子どもの心を育て、からだを育て、その人をつくっていくのです。


本書は、乳幼児期の子どもたちがどのように遊びを楽しむのかを紹介し、それらの遊びと子どもの育ちにはどのような関係があるのかを考えていきます。第Ⅰ部は大人がつくった児童文化財を使っての遊びを、第Ⅱ部は簡単な道具を使った子ども自身がつくりだす遊びを扱います。第Ⅲ部は、生活のなかにある遊びを取り上げ、子どもにとって生活が遊びそのものであることをみていきます。本書が、子どもと生活することの楽しさ、なにげない日常生活のなかにある喜びにあらためて気づくきっかけとなれば幸いです。

目　次

III　暮らしと遊び

I　大人がつくる遊び

第1章　絵　本——他者の世界観を取りこむ

1　幸せな絵本の思い出

「あなたの好きな絵本は？」と尋ねられたら、思い浮かぶ絵本はありますか。大学一年の学生に質問すると、幼いころに好きだったという絵本が次々とあがります。どの学生も一冊、二冊、思い出に残る懐かしい絵本があるようです。野ネズミのぐりとぐらが森で大きなカステラを焼く場面にワクワクする『ぐりとぐら』（中川李枝子：文／大村百合子：絵、福音館書店）。美しい自然描写と三世代一四匹の個性あるネズミ一家の生活を描いた『14ひきのあさごはん』をはじめとする「14ひきのシリーズ」（いわむらかずお：作、童心社）。小さなアオムシが、果物やお菓子、サラミと一週間いろんなものを次々にたいらげて、最後にきれいなチョウチョになる『はらぺこあおむし』（エリック・カール：作／もりひさし：訳、偕成社）など。これらは定番で、「ミリオンぶっく」（出版流通会社トーハンが、一〇〇万部以上の売上げを数えた絵本をまとめ、毎年発行している小冊）にもあげられている絵本です。「ミリオンぶっく」にあげられる絵本の多くは、二〇年、三〇年と時代をこえて普遍的に子どもたちに愛されつづけてきたものです。

学生が幼いころに好きだった絵本と「ミリオンぶっく」にあげられている絵本は重なることも多いのですが、予想以上に書名も作者名も初めて聞くという絵本もありました。そこで、持参した絵本を机に広げ、あらためて読み返している学生たちに、「なぜその絵本が好きだったの?」「その絵本のどんなところが好きだったの?」と問いかけました。すると、「お母さんが絵本の文に節をつけて、歌うように読んでくれたのが楽しかった」とか、「この絵本はお父さんに読んでもらうって決めていて、お父さんの膝の上に座って何度も繰り返し読んでもらったのが心に残っている」など、子どものころの思い出話に花が咲きます。学生たちの顔の穏やかで幸せそうなこと。子どもに戻ったようなあどけなさも漂います。

好きだった絵本の記憶は、ストーリーや絵の魅力といった文学性や芸術性とあわせ、その絵本を誰がどんなふうに読んでくれたかという、絵本を読む大人との関わりが大きく影響していることに気づきました。しかもそれは、大好きな大人との一対一の関係に意味があるようです。寄り添う肌の感触や、語りかけるやさしい声、一冊の絵本に重なる視線など、私のために読んでくれているという絵本を媒介にした一対一の関係が、子どもたちに格別大きな幸福感をもたらしているのです。

この絵本はお父さんに読んでもらうと決めていたと言った学生が持参した絵本は、『わにさんどきっ　はいしゃさん　どきっ』(五味太郎:作、偕成社)でした。歯の治療におびえ歯医者さん

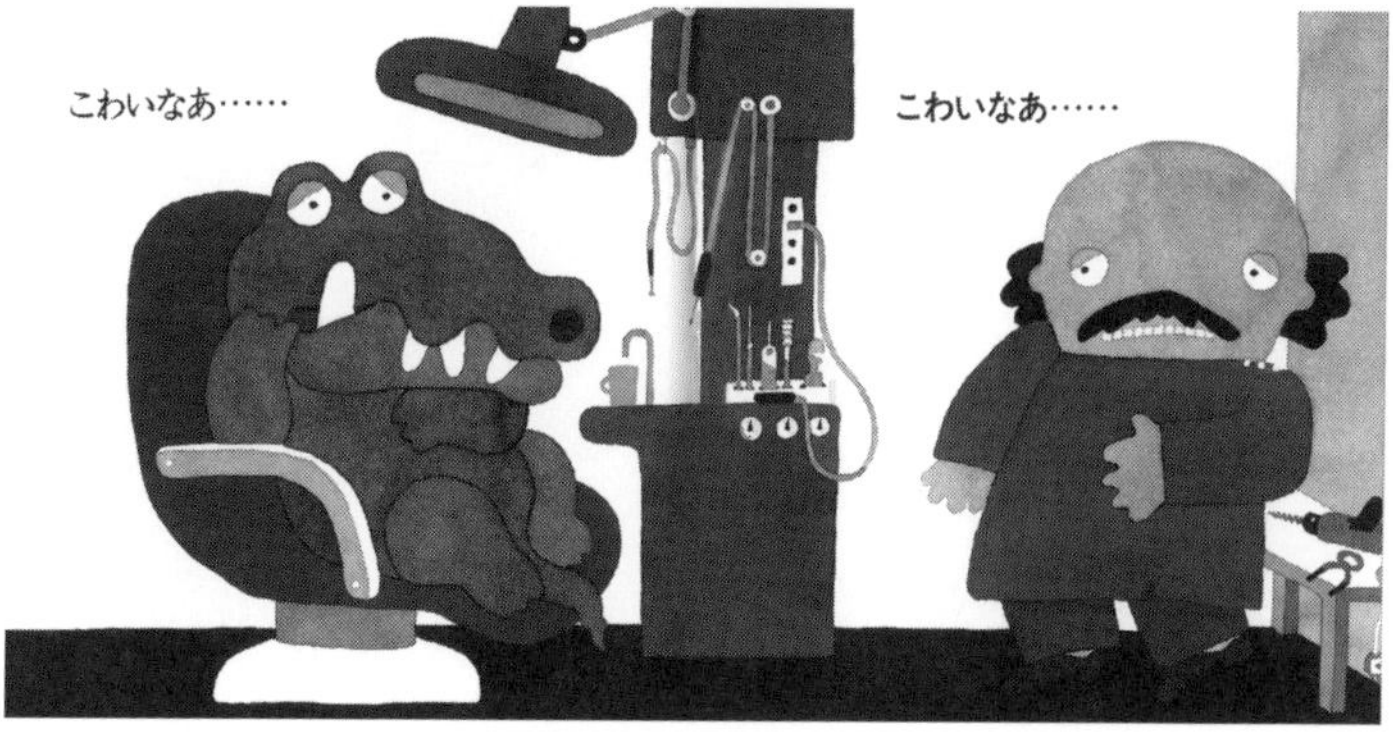

『わにさん　どきっ　はいしゃさん　どきっ』12-13ページ

を怖がるワニと、来院した大きなワニに驚きワニを怖がる歯医者さん。終始、双方同じセリフで、お互いに相手を怖がる気持ちが表されます。そのズレ感がとても面白く、五味さんのセンスが輝く絵本です。「どきっ　どきっ」「どうしよう……　どうしよう……」「こわいなあ……　こわいなあ……」。あまり絵本を読み慣れていないお父さんが素朴に淡々と読むと、なんとも言えないユーモラスな空気感を醸しだし、子どもに一層受けるようです。子どもは、お話のもつ雰囲気やテーマと読んでくれる大人の声質や語り方の特徴を結びつけて、〝絵本の時間〞をプロデュースし、絵本の世界を一〇〇パーセント、いえ一二〇パーセント楽しもうとします。

小さな子どもが絵本を楽しむ場合、それを読んでくれる大人が必要で、大人を介して絵本の世界に出会います。どんな声、どんなリズム、どんな間で語り、ページをめくるのか。語り手の大人の個性や経験や感受性によって、その読み方は変わってきます。つまり、誰がどんなふうに読んでくれるかで、その絵本の世界は少しずつ違ったものとして完成され、それぞれの子どもに届けられるのです。

大好きな大人の膝の上で、五感をとぎすませて絵本を味わう子どもたち。お父さんやお母さんも、膝に座った子どものぬくもりを感じながら、一緒に絵本の世界に浸かるひと時を大切にしてください。

2　赤ちゃん絵本

〇歳児健診などの場で、赤ちゃんと親に絵本を手渡す「ブックスタート」という運動が、自治体によって進められています。もともとイギリスで始まったこの運動は、日本では二〇〇一年から開始され、赤ちゃんと親が絵本を楽しむ時間を分かちあい、幸せを感じられるきっかけをつくることを目的としています。この運動の開始とともに、「赤ちゃん絵本」とか「ファーストブック」と言われる、〇歳からおよそ二歳ごろの乳幼児を対象にした絵本が一気に増え、現在、本屋さんの絵本コーナーには数多くの赤ちゃん絵本が並んでいます。

そんななかでも、松谷みよ子赤ちゃんの本シリーズの『いない　いない　ばあ』（松谷みよ子：文／瀬川康男：絵、童心社）は、一九六七年以来、半世紀たった現在も版を重ね、世代をこえて読み継がれています。

私は、学生時代の仲間のなかで一番早くお母さんになった友人の出産祝いに、この絵本をもっていきました。もう何十年も前のことですが、初めて赤ちゃんに絵本をプレゼントしたこの時のことを、今でも鮮明に覚えています。お母さんである友人は膝の上に七か月を過ぎたもえかちゃんを抱き、さっそく『いない　いない　ばあ』の絵本を広げて読みはじめました。「いない　いない　ばあ　にゃあにゃが　ほらほら　いない　いない……」と、ネコが顔を手で覆っている画面から、「ばあ」とページをめくると、ぱっちりおめめに黄色いひげをぴーんと立てたネコの顔が現れました。もえかちゃんは、「あー」と甲高い声を発し、両手をばたばたさせて反応しました。「そう、ネコさん、ばぁーしたね」。もえかちゃんの反応に、友人もうれしそうです。「いないいない　ばあ　くまちゃんが　ほらね　いない　いない……」と、少し間を置いて「ばあ」とページをめくると、長いまつ毛でおめめをぱっちり開けたクマが現れ、もえかちゃんは、さっきと同じように「あー」と両手をばたばたさせました。「クマちゃんも、ばぁーってしたね。次は、誰かな」そんなお母さんの言葉がわかったのかどうなのか、もえかちゃんはさも自分でページをめくりたいように「あ、あ、あ」と絵本に手を伸ばしました。本を近づけてあげると、顔を思い切り近づけ、なめようとさえしました。

七か月の赤ちゃんが、ページをめくるごとにみごとに反応を返す姿に、私は、感動してしまいました。赤ちゃんの感じる力と、自分の周りの世界とつながろうとする力を感じました。そして、それと同じくらいに驚いて感動したのは、お母さんになった友人のやさしい語りかけとおしゃべ

『いない　いない　ばあ』7-8ページ

りの上手さです。どちらかというと無口でおとなしかった友人が、赤ちゃんととても楽しそうにおしゃべりをしていました。

まだまだ言葉の理解は難しくおしゃべりはできない赤ちゃんですが、大好きな人とつながって楽しむ力は十分にもっています。そして赤ちゃんの反応は、大人を幸せな気持ちにし、もっともっと赤ちゃんとつながりたいと思わせます。赤ちゃん絵本は、子どもと大人の喜びをつないでくれます。

この『いない　いない　ばあ』をはじめ、赤ちゃん絵本と言われるものは、絵と言葉の繰り返しによる構成、擬態語や擬音語が多用された心地よい響きの言葉、そして、シンプルでわかりやすい絵が特徴です。版の大きさは小型で、赤ちゃんの狭い視野に見開きの画面が収まり、重さも赤ちゃんでも難なくもてるほどです。

二〇〇八年に初版が発行され、すでに「ミリオンぶっく」となっている『だるまさんが』（かがくいひろし：作、ブロンズ新社）は、「だるまさんがころんだ」という伝承遊びがもとになっています。「だ る ま さ ん が」と赤いだるまさんが左右にからだを揺らし、ページをめくると「どてっ」と転んだり、「ぷしゅーっ」と空気が抜けてしぼんでしまったり、横を向いて「ぷっ」とおならをしたり。二場面ずつの繰り返しで構成されています。

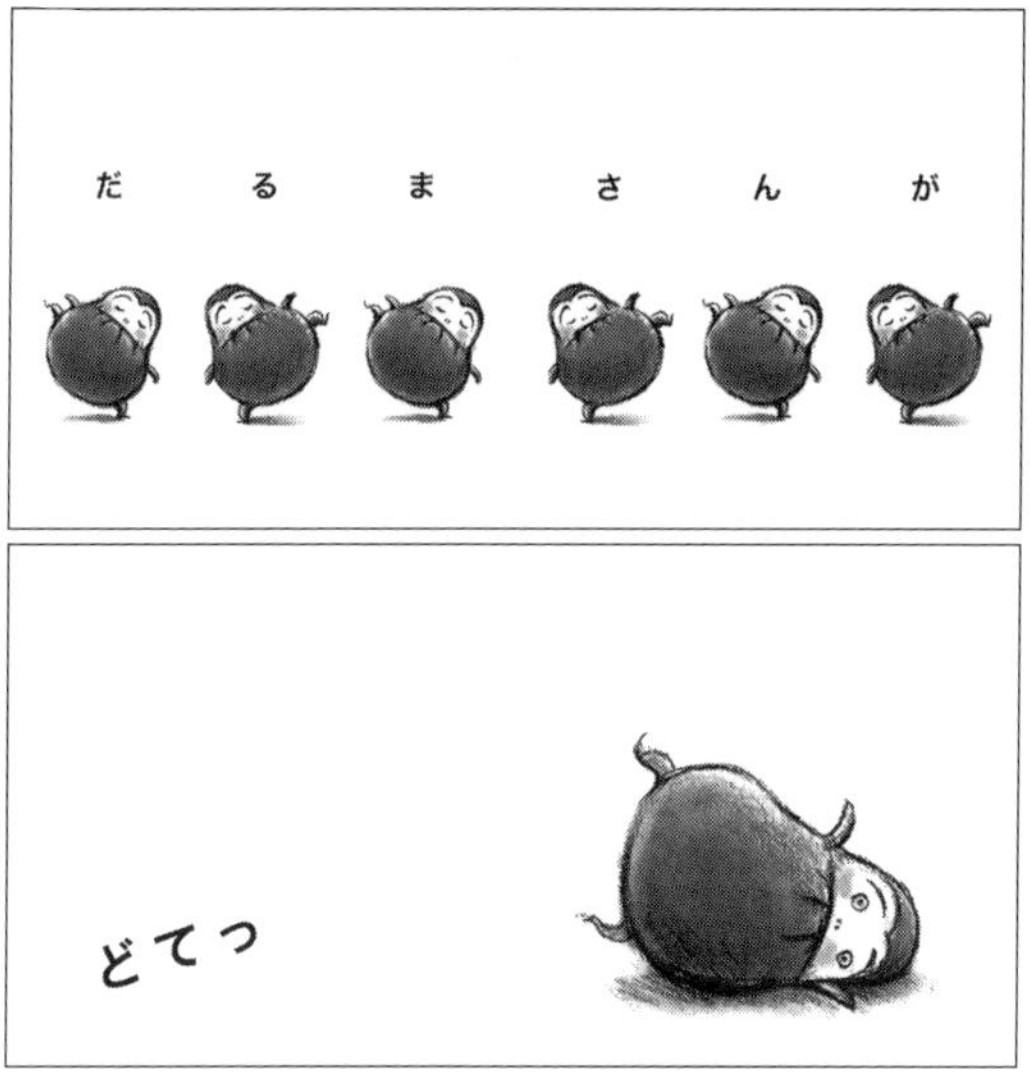

『だるまさんが』2-3、4-5ページ

一歳児クラスで『だるまさんが』を読んだときのことです。一人の子が立ち上がってだるまさんのまねっこを始めると、次から次に子どもたちが一緒にやりはじめ、見ていた先生も加わると、絵本を読んでいた先生も絵本のだるまさんを動かしながら子どもたちの動きの輪に入っていきました。「だ る ま さ ん が」「ぷっ」とおならをする場面では、子どもたちは「ぷっ」とか「ぶっ」とか言っておならの真似。「わー、くさいくさい」鼻をつまむ先生たち。子どもたちはキャーキャー言って喜びます。「さあ、次はなんだろう。「だ る ま さ ん が」」、ここで十分間をとって、「びろーん」。両手を上げて上に伸び上がっただるまさん。「びろーん」「びろーん」と言いながら、先生が子どもたちに絵本を見せて回ると、子どもたちは、からだ全体を伸ばしてぐいぐい背伸びをします。こうして絵本の時間は大盛り上がりになりました。

もう一冊、赤ちゃん絵本を紹介しましょう。『じゃあ　じゃあ　びり　びり』（まついのりこ作、偕成社）。これは、子どもが日常生活のなかで出会う様々なものを取り上げた絵本です。自動車や飛行機といった乗り物、イヌやネコやニワトリといった動物、水道から流れ出る水や掃除機といった家のなかのもの、紙やラッパといった遊ぶものなどが、シンプルにデザイン化された絵で描かれ、横に、そのものが出す音が文字で、まるで絵の一部のように表されています。「じどうしゃ　ぶーぶーぶーぶー／いぬ　わん　わん　わん　わん／みず　じゃあ　じゃあ　じゃあ／かみ　びり　びり　びり　びり　びり／そうじき　ぶぃーん　ぶぃーん　ぶぃーん」。一歳を過ぎて幼児語を話せるようになった赤ちゃんが楽しめる、擬音語たっぷりの絵本です。

「じどうしゃ、ぶーぶーぶー。ぶーぶーがしゅっぱーつしまーす。たかちゃんのお家のぶーぶーといっしょだね。ぶーぶーに乗って、お買い物に行きまーす」。お母さんの語りかけに、一歳三か月のたかちゃんは、絵本の車を指でさしながら「ぶーぶー」と言いました。「そう、ぶーぶーだよ」、お母さんが返します。たかちゃんはこのとき、絵本に描かれた車と、買い物に行くときに乗る実物の車を結びつけて理解しているのです。これは、とてもすごいことです。生活のなかで見たものを絵本に描かれたものと結びつけたり、逆に、絵本に描かれていたものを生活のなかで見つけたり、その繰り返しのなかで、子どもは実物、表象、言葉の関係を理解していきます。ですから、絵本を与えていればいいわけではなく、実物に出会う実体験があってこその絵本だと、私は思います。

3　物語絵本

赤ちゃん絵本というのは、絵本の対象年齢でみた絵本の分類ですが、絵本の内容でみると、物語絵本と科学絵本の二つに大別できます。物語絵本とは、昔話や神話、創作した物語など、登場人物の関わりあいや行動によってお話が展開され、物語性を強くもち、その物語に作者の思いがテーマとして込められているものです。

三歳くらいになると、徐々に絵本という存在が理解できるようになり、一ページ一ページめくって物語を楽しめるようになっていきます。

私が、三歳のゆみちゃんに『おふろだいすき』（松岡享子：作／林明子：絵、福音館書店）を読んであげたときのことです。「カバさん、シャンプー好きなの？」「ねえ、カバさん、シャンプーの泡、目に入らないの？　痛いよね」。ゆみちゃんはどうやら、絵本に描かれた泡だらけのカバに

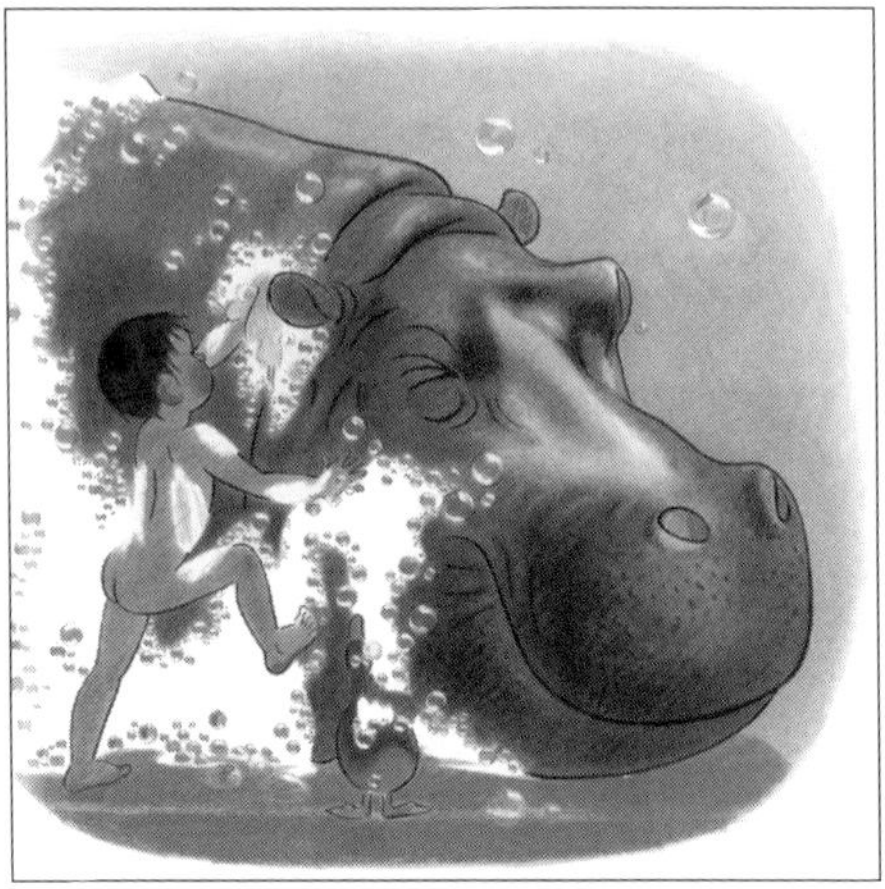

『おふろだいすき』25ページ

話しかけているのです。ああそうかと合点がいった私は、「シャンプー、気持ちいいよ。目はね、しっかり閉じてれば、大丈夫さ」とカバの気持ちになって答えました。すると、「目つぶるの、こわいよー」「ゆみちゃんちには、シャンプーハットあるかい？」「ない。でも、こうやってると（あごを突き上げるように上を向いて立つ）、ママが（シャンプー）してくれる」と、次々に反応が返ってきました。すぐ横にいる私がしゃべっているのは、わからないはずはないのですが、この時期の子どもは、現実とお話の世界がまだ混とんとし、区別がつきにくいのです。

そんな子どもにとってみると絵本に描かれている登場人物は、ただの絵ではなく友達のような存在です。絵本の世界に入り込んだ子どもは、そんな友達と一緒に、日常生活ではできないようなことも体験し、その体験にともなったさまざまな感情を味わい、他者の気持ちにも気づいていきます。

現実と虚構の世界の区別がつかないというのは、お話の世界に入りこみ、登場人物としっかり気持ちを通わせるという絵本の味わい方ができるようになった初歩の育ちの姿です。他者の存在を感じ、その人の気持ちを考えようとする心が育っているのです。

また、このころになると子どもたちは、絵から実に多くのことを読み取ります。幼稚園の五歳児クラスで、『かさじぞう』（瀬田貞二：再話／赤羽末吉：絵、福音館書店）をみんなで読みあったときのことです。歳取り市で笠が一つも売れず、吹雪のなかおじいさんが帰る場面。筆の先をはじくようにして描かれた三角にとがった雪がおじいさんの行く手をさえぎります。おじいさんは、吹雪のなか、野原にたたずんで並ぶ六地蔵を見つけ、売り物だった笠をお地蔵さんにかぶせます。ページをめくり、おじいさんがお地蔵さんに笠を順々にかぶせる場面になると、三角にとがった雪は一転、ぽわっと膨らんだ丸い雪になり、ほわほわと浮いているように穏やかに降っているのです。見ていた子どものなかから「あ、雪がまん丸くなった！」と声が上がりました。その声を聞いて、みんなの目があらためてぐっと絵本にひきつけられました。絵本を読んでいた先生は、そこでしばらく時間をとってから、いったん最後まで絵本を読み終えました。

そしてあらためて、雪の野原の場面を開き、子どもたちに問いかけました。「おじいさんがお地蔵さまに笠をかぶせてあげたら、雪が丸くなったね。ほら、この前までとは、違うね」。「三角の雪」「とがってる」「痛そう」、子どもたちが次々に言います。「そうだね。それで、おじいさんがお地蔵さんに笠をかぶせてあげたら丸くなったね。どうして、雪が丸くなったのかな」。先生の問いかけに、ひろき君がすぐに答えました。「それはさー、おじいさんのやさしい気持ちが、

そのうちに　ひがくれて、
ゆきが　もかもか　ふってきたので、
じいさんは　しかたなく、かさを
せおって、もどってきた。
とちゅうの　ひろい　のはらに
さしかかった　ころには　とうとう
ふぶきになった。
のはらには、いしの　じぞうさまたちが、
たっているばかり。みれば　ふぶきに
さらされて、かおから　つららを
たらして　ならんでいたので、

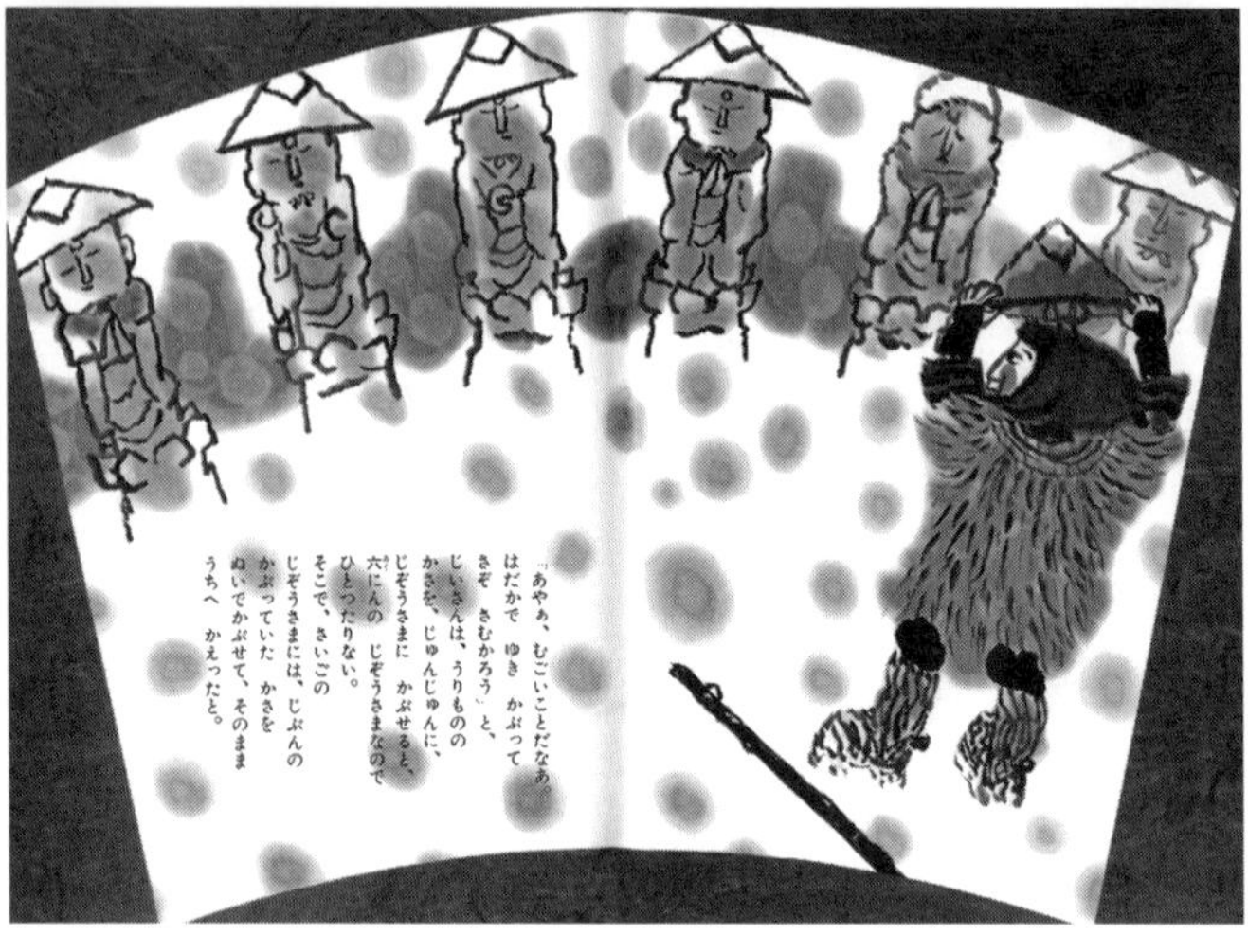
「あやぁ、むごいことだなあ。
はだかで　ゆき　かぶって
さぞ　さむかろう」と、
じいさんは、うりものの
かさを、じゅんじゅんに、
じぞうさまに　かぶせると、
六《ろく》にんの　じぞうさまなので
ひとつたりない。
そこで、さいごの
じぞうさまには、じぶんの
かぶっていた　かさを
ぬいでかぶせて、そのまま
うちへ　かえったと。

『かさじぞう』6-7、8-9 ページ

天に届いたんだよ」。「そう、それで、天の神様が雪を丸くしてくれたんだよ。なー」。隣で一緒に絵本を見ていたこうた君がひろき君に賛同するように言って、二人は目をあわせました。「丸いから、痛くない」「あったかそう」。他の子どもたちも、感じたことを口にします。貧しくても、誰も見ていなくても、自分のことよりもお地蔵さんのことを考えるやさしいおじいさんに、子どもたちは敬愛の念を抱いたようでした。

4　科学絵本

五、六歳になると、関心をもったものへの探究心が強まり、収集したり、図鑑で調べたりします。昆虫や恐竜、電車に関心をもつのは男の子が多いようです。一人が図鑑を広げるとそこに数人が群がり、「ブラキオサウルス」「トロオドン」など聞きなれない恐竜の名前をすらすらと言っていたりします。

人間のからだ、動植物の生態、天気や気候、星座や宇宙、車や飛行機などの乗り物など、いわゆるノンフィクションの分野を扱った絵本を、科学絵本と言います。科学絵本は図鑑とは異なり、科学的な知識のみを伝えようとしているのではなく、作者や編集者がその本をとおして読者に伝えたい科学的な考え方や世界の見方が込められ、物語性をもっています（加古里子『加古里子絵本への道――遊びの世界から科学の絵本へ』福音館書店、一九九九年。中川正文編『児童文学を学ぶ人のため

おやおや　これは　どうしたこと?
おひさまが　ぎらぎら　てりつけて
どんどん　しずくは　やせていく
あれあれ　これは　まほう?
かくれぼうしを　かぶったみたい
みえない　しずくは　ぐんぐん　そらへ
くもの　ところへ　のぼっていく
あんなに　おひさま　ひかってたのに
くろくも　みるまに　ひろがって
くもに　やってきた　しずくたち
ぱらぱら　じめんへ　おともどり

『しずくのぼうけん』8-9 ページ

に』世界思想社、一九七七年。瀧川光治『日本における幼児期の科学教育史・絵本史研究』風間書房、二〇〇六年)。

小学校になると、体系的に組まれたカリキュラムに沿って、理科や社会や算数といった科目をとおして様々な科学的知識を学んでいきますが、科学との出会いは幼児期から始まっています。生活のなかで出会った事象に心を動かされ、「きれいだな」とか「不思議だな」とか「どうしてだろう」とか思ったとき、子どもは科学の入り口に立っているのです。

ある冬の日の朝、園庭に置いてあったバケツの水が氷になっているのを、登園した四歳児クラスの子どもたちが発見しました。「凍ってる」「カチカチ。冷たいよ」。かわるがわる氷の感触を確かめてから、子どもたちは保育室に入ってきました。しばらくたって太陽が高く昇ったころ、みんなで園庭に出てバケツを見てみると、さっきの氷は液体の水になっていました。「氷、なくなっちゃった」「あのね、溶けちゃったの」。少しがっかりした子どもたちの言葉を聞いた先生は、このタイミングで、子どもたちに出会わせたい絵本を思いつきました。そして、『しずくのぼうけん』（マリア・テルリコフスカ：作／ボフダン・ブテンコ：絵／うちだりさこ：訳、福音館書店）を子どもたちと一緒に読みました。

『しずくのぼうけん』は、村のおばさんのバケツから飛びだしたしずくの旅をとおして、水の特性や生活のなかでどのように利用されているかが、お話仕立てで語られます。太陽に照らされて水蒸気になって空に上るしずくは、雲になって、また雨のしずくになって地面に降ってきます。高い山の岩の隙間に入ったしずくは氷になり、膨張して岩を砕きます。読み終えたあと、「氷と水って、おんなじしずくなんだね」と、子どもが納得したようにつぶやきました。優れた科学絵本は、難しいことを絵と文でとてもわかりやすく伝えてくれます。

『はははのはなし』（加古里子：文・絵、福音館書店）は、歯の働きや、歯磨きの大切さが、「いっそ　『は』なんか　なければいいと　おもいませんか？」とか、「どうして　『は』をみがいているのに『むしば』に　なるのでしょう？」と読者への問いかけと解説の繰り返しで語られます。この絵本を担任の先生が読んだ日の昼食時のことです。いつもは一番に食べ終わるゆうすけ君が、ふと『はははのはなし』を思いだしたのでしょう、突然、「前歯はのみで、ごちそうを切って。奥歯はうすで、ごちそうをつぶすんだよね、先生」と絵本にかいてあったことを言い、大げさにもぐもぐもぐもぐと口に入れたお肉をいつもよりしっかりかんで食べていました。

絵本で知識を得て、その後、実物を見たり、触ったりして、絵本にかかれていたことを確かめ、知識として定着させることもあれば、自分が見たことのあるものを絵本でも見て、新たな視点でのとらえ方を知ったりすることもあるでしょう。どちらにしても、絵本で出会ったことを自分の生活と結びつけることで、子どもの世界は広がり、自分の周りの世界を見る目を育てていきます。

第2章　紙芝居——現代の大衆芸能

1　観客と息をあわせた口演

今日は、図書館で月に一度開かれるおはなし会です。カーペット敷きの絵本コーナーは親子連れで次第に埋まり、開始時刻になると、幼児から小学生の子どもたちが二〇人ほど集まりました。一人で見ることができる子は前に、お父さんやお母さんと一緒にという子は両端や後ろに座りました。「今日も、紙芝居やる?」。常連の子でしょうか、四、五歳の男の子が待ちきれないという感じで、司書の方に尋ねます。

時間になりました。いよいよおはなし会の始まりです。前の机には、黒い木の箱のような紙芝居の舞台が置かれました。「さあ、一つ目のお話は紙芝居です。今日の紙芝居はなんのお話かな?」。演者である司書が、舞台の扉を一枚、二枚と左右に、そして、三枚目の扉を上に開いていきます。少しざわついていた子どもたちが徐々に静かになって、子どもたちのワクワク感が、高まっていくのが肌で感じられます。三つの扉が開いた黒い箱は、まさに舞台。ホールの劇場の

舞台で上演される紙芝居『あひるのおうさま』

ようなプロセニアム（額縁）舞台が登場しました。

一呼吸の間があって、「あひるのおうさま」と、演者の声が会場に響きました。この日の紙芝居『あひるのおうさま』（堀尾青史：作／田島征三：絵、童心社）は、フランスの民話が原作です。あひるは、王様に貸したお金を返してもらうためお城に向かいます。王様はお金を返そうとしないのです。途中で出会ったキツネとハチと川は、あひるを応援し、あひるのお腹のなかに入りこんで一緒についていきます。横暴な王様は、けらいに命令し、あひるを鳥小屋に押しこめたり、釜ゆでにしたり、首を切ったりして殺そうとします。キツネやハチや川を吸いこんでお城まで連れていくという奇想天外さが、デフォルメされた大胆な構図と色鮮やかな配色の絵によって、強烈に観客の目に飛びこんできます。

贅沢ばかりしている王様が「あひる、おかね、かしてくれ」と言います。「えー？」と子どもたち。王様という立派な地位にある人がお金を借りるという設定は、自分のよく知っている王様像とは違ったのでしょう。あひるは、王様にお金を貸してあげます。「なんで？」と言う子どもにまざり、「やさしい」と言う子どももいます。あひるが殺されそうになるところでは、「ハチさせ、ハチさせ」とか、「キツネでろ」と、あひるを応援する声が。登場人物の行動に心を寄せ、心を動かす子どもたちの観劇の姿に、私はハッとさせられました。子どもたちは、すごいエネルギーを使って紙芝居を見ているのです。はらはらドキドキの繰り返しを味わった子どもたちは、あひるが王様になるくだりを納得して受けとめ、紙芝居は終わりました。

舞台の後ろに立つ演者は、時折子どもたちの方にも目をやりながら、紙芝居の画面を引き抜きます。子どもたちのつぶやきがあちこちから聞こえ、演者はそれらを受けとめて次の画面に進みます。私は客席の後ろの方に座って紙芝居を観賞しながら、この絶妙な間が、なんとも心地いい会場の一体感をつくっているのを感じました。

紙芝居は実に素朴で、紙に描かれた絵と一人の演者の口演で演じられますが、観客をお話の世界に引きこむ強い力をもち、その場を一つにまとめます。

2　紙芝居の歴史

紙芝居の起源は江戸時代の写し絵（上方では、錦影絵）と言われる幻燈の寄席芸でした。オランダから入ってきた幻燈に日本の職人の技が加わって生まれました。「風呂」と言われる木製の幻燈機に、美しい色つきの絵が描かれたガラス板を何枚かはめ込んだ「種板《たねいた》」を差しこみ、それを瞬時に移動させガラス板の絵を変えることでまるでアニメーションのように絵が動いて見えるの

風呂と種板によって上演される写し絵（早稲田大学演劇博物館所蔵、5704 写し絵　風呂と種板）

です。光源には石油ランプ、スクリーンには和紙が使われました。「影絵人形劇団みんわ座」が江戸時代の写し絵を復元した「だるまの夜話」は、掛け軸に描かれただるまに手と脚がにゅっと出て、掛け軸を抜けだします（草原真知子「Utsushi-e　写し絵　―江戸から明治の最先端映像エンターテイメント」http://www.f.waseda.jp/kusahara/Utsushi-e_j/TOP.html）。

しかし、人手がかかるうえに暗室も必要であることから、より簡単に同様の劇的効果をねらって考案されたのが、明治時代中期の「立《た》ち絵《え》」です。余白を黒で塗った紙人形を黒い幕の前に出し、表裏を回転させたり簡単な細工を施したりすることで、写し絵と同じよ

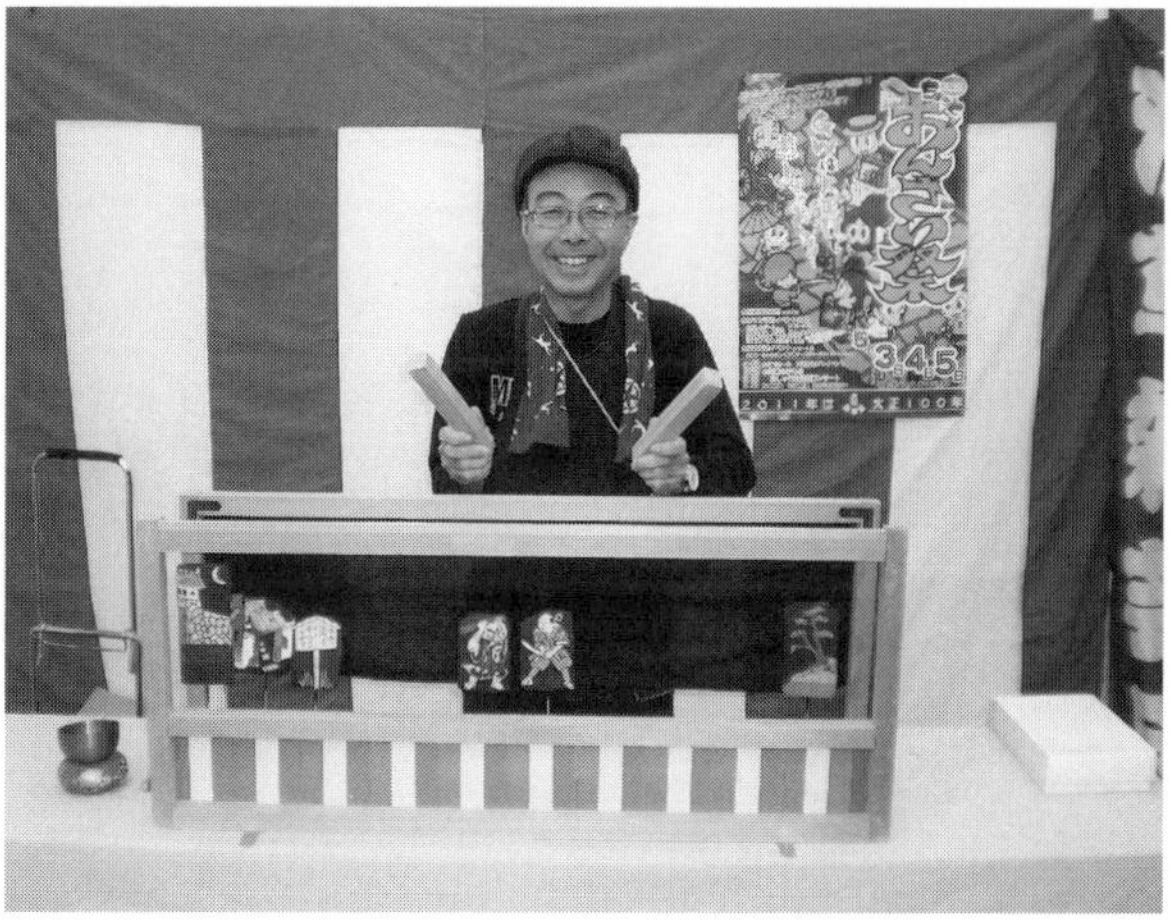

立ち絵「猿飛佐助の化物退治」（市原千明氏提供）

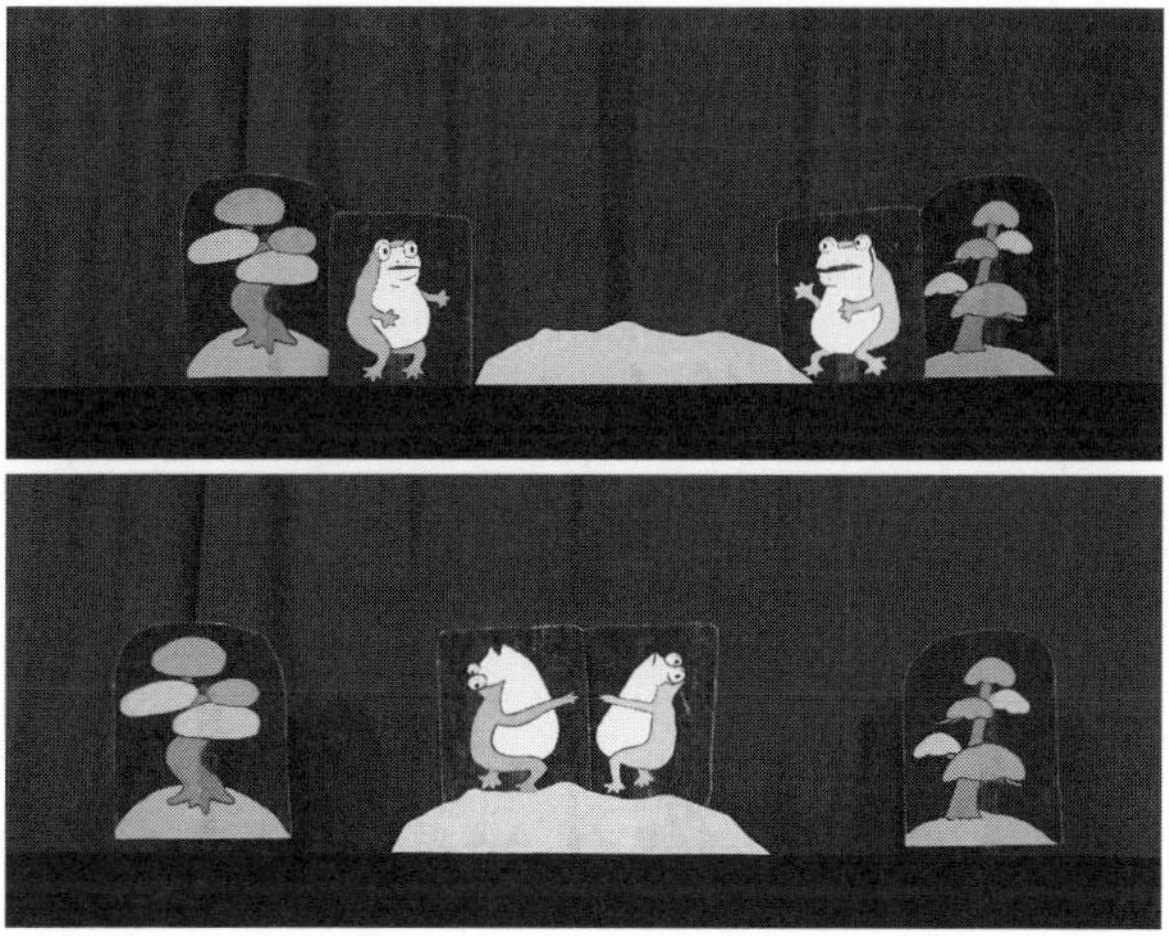

筆者が作成した立ち絵「京のかえる・大阪のかえる」
京のかえると大阪のかえるが天王山で出会い、お互いの街を見下ろすと……

街頭紙芝居の上演風景、東京都荒川区日暮里旭町、1932年（昭和館提供）

うに、真っ黒な舞台に色鮮やかな人形が登場して動きます。舞台も持ち運びができるような小型なものとなり、街頭での上演も可能になりました。

さらに、簡便さと劇的表現の工夫が求められた結果、場面を表す背景も登場人物も一枚の絵に収め、語りにあわせて絵を抜くことで物語が展開する「平絵《ひらえ》」の紙芝居が、昭和五（一九三〇）年ごろ誕生しました。現在、私たちが一般的に「紙芝居」と言っているものは、この「平絵」の紙芝居にあたります。

その当時、紙芝居は、紙芝居屋さんが自転車の後ろに舞台を積み、駄菓子を売りながら街頭を回り、路地や公園などで上演していました。この街頭紙芝居は一点物の手描きでしたので、同じ『黄金バット』（原

作　後藤時蔵：作／永松武雄：絵）でも少しずつ絵が違っていましたし、裏面はその場面を表す最小限の言葉だけで、現在市販されているもののようにセリフやト書きは書かれていませんでした。そのため紙芝居屋さんによって語りはずいぶん異なり、しかも、子どもたちの様子を見ながらアドリブを入れたり反応に応えたりしながら演じる即興性のあるものでした。

内容は、勧善懲悪の活劇ものや冒険物語、化け猫が登場するような怪談もの、また、継子いじめや借金で家を失うような悲劇ものなど多様でした。婦人団体や教育界は、内容が低俗で子どもには不適切であることや街頭で駄菓子を買って食べることへの衛生上の問題から、街頭紙芝居に批判的でした。しかし、子どもたちは、大人が見せたがらない内容だからこそ感じる面白さや紙芝居屋さんのライブ感あふれる語り、そして、街頭でお菓子を食べながら見るという解放的雰囲気に魅了され、街頭紙芝居を楽しんだのでした。街頭紙芝居は、戦争を経てテレビが多くの家庭に普及しはじめる昭和三〇（一九五五）年ごろまで、子どもたちの人気を博しました。

このように、紙芝居はその起源となる写し絵から平絵の形になるまで、寄席や街頭の大衆芸能だったのです。街頭紙芝居は、巧妙な語りとテンポのよさ、手描きの絵の力強さで、子どもたちをひきつけました。

そんな子どもの姿を見て、紙芝居を教育に活かそうと考えたのが、子どもたちへのキリスト教布教を目的とする日曜学校を主催していた今井よねでした。今井がキリスト教伝道の紙芝居を制作したことをきっかけに、数多くの教育紙芝居が刊行されました。紙芝居はこうして現在、保育教材として活用され、子どもの文化財として大きな位置を占めるに至ったのです。子どもたちが紙芝居に魅了されるのは、それが歴史的に大衆性を内包してきたからと言えるかもしれません。

3　演劇としての紙芝居

口演と絵、そして「抜き」の演技によって表現する紙芝居は、絵本とはまったく違う文化財です。紙芝居は、その名の通り、演者と観客の双方がいて成り立つ「お芝居」です。演劇（お芝居）は、演者の口演を観客が受けとめ、観客の反応を演者が受けとめて演技をし、この繰り返しのなかで物語世界が展開されていきます。演者は観客がおおいにその場面を楽しんでいたら、時間を十分とったり、わかりにくい様子であればテンポを落としてゆっくり演じたり、必要であれば言葉を補ったりします。テレビのように一方的に流れていくものとは違い、演劇は上演のたびに観客と演者によってつくりあげられる、一回性のライブ作品です。紙芝居も同様です。

紙芝居を舞台を使って上演するということは幼稚園や保育園でも少ないかもしれません。しかし、舞台を使うことで何倍もの演劇効果が出ます。

紙芝居『三びきのこぶた』（川崎大治：脚本／福田岩緒：画、童心社）は、紙芝居ならではの表現が駆使された作品です。最初の三匹のこぶたの紹介とそれぞれが独立して家をつくったことの紹介では、二枚の絵で四場面を表現します。舞台を使って間口（舞台の幅）がつくられることで、三分の一ずつ引き抜いて大ぶた、中ぶた、ちいぶたと三匹が次々に登場する効果が生みだせます。しかも、ずらすことで二枚目に描かれた大ぶたが登場し、代わりに一枚目に描かれている大ぶたが間口の外に出て場面から消えていくように計算されています。もし、舞台を使わずに上演すれば、六匹のブタがずらりと横に並んで登場することになってしまいます。子どもたちは、「あ、

『三びきのこぶた』２枚で４場面を表現

出た」「あ、出た」と一つ一つの変化に反応します。この最初のつかみが、観客である子どもたちを紙芝居『三びきのこぶた』の世界に引きこみます。さらに、オオカミが登場し、まず大ぶたのわらの家を見つける場面も、引き抜いてわらの家の前で笑って立つ大ぶただけを残します。こうした計算が最後まで随所にわたってされたこの作品は、見ている子どもたちのはらはらドキドキを高めます。

子どもは、絵本などですでに「三びきのこぶた」の昔話に出会っていますから、ストーリーは十分わかっていて、先に紹介した『あひるのおうさま』の上演のときのようにいちいちストーリーに対する疑問や登場人物への提案をつぶやくことはありません。その代わり、次の展開がわかっているからこそ感じる緊張感があって、一気にさっと抜いたとたんにブタに襲いかかるオオカミの絵が出てきて「ハッ」としたり、木の家のドアを大ぶたと中ぶたが必死に押さえている場面で思わずぎゅっと手を握りしめたりします。こうした子どもたちの息づかいは演者にとっての醍醐味で、この快感を知ってしまったら、もうやめられません。

絵本が個人的なメディアであるのと比べると、紙芝居は社会的なメディアと言えます。ライブならではの緊張感、多くの仲間と一緒に観劇することで感じる一体感と喜びがあります。仲間の反応を知ることにより、共感する部分に気づいたり、逆に人それぞれの受けとめ方の違いに気づいたりすることもあるでしょう。その経験は、他者への理解を深めることにもつながるように思います。

4　もっと気軽に紙芝居を

多くの公共図書館では紙芝居の貸し出しを行っています。お家で子どもたちに、あるいは子どもの友達も集めて、紙芝居を上演してみてはどうでしょう。

紙芝居には、「かさじぞう」や「三びきのこぶた」といった昔話をはじめとする物語を味わう紙芝居と、物語性よりは演者とのやり取りを楽しむ紙芝居があります。後者は「参加型紙芝居」などと言われています。以下に、二つ紹介しましょう。

『おおきく　おおきく　おおきくなあれ』（まついのりこ：脚本・画、童心社）は、子育て支援のひろばなどで、小さな子どもたちも楽しむことができる作品です。一枚目には、タイトルの下に小さなブタが一匹。紙芝居を見ている子どもたちに呼びかけて、「おおきく　おおきく　おおきくなあれ」の呪文をみんなで唱え画面を引き抜くと、どーんとブタが大きくなります。「わー」と声が上がり、思わず舞台に近づき紙芝居のブタをタッチする子どももいます。最後に大きくなったケーキをみんなで分けあって食べると、部屋中に笑顔があふれます。画面いっぱいに大きくなるブタやケーキの迫力と、みんなで一緒に言葉を唱える楽しさで、部屋のなかを歩き回っていた小さな子どもたちもお母さんの膝に座り、一緒になって紙芝居を楽しんでいます。

『だれかな？　だれかな？』（内山晟：写真／中村翔子：文、教育画劇）は、動物のからだの模様のクローズアップの写真を見て、「だれかな？　だれかな？」と子どもたちに問いかけるクイズ形

『おおきく　おおきく　おおきくなあれ』
最初の２場面

式の紙芝居です。演者が問いかけ、子どもが答えるという単純な繰り返しですが、とても盛り上がります。正解がわかったあと、動物の全体像が映しだされた写真を見ながら、その動物についてお話をしてあげると、子どもたちは関心をもって聞いています。

子どもと一緒に紙芝居をつくるのも、楽しい遊びになります。絵を描くことが好きな子は、一日に何枚も絵を描きます。子どもたちは描くこと自体が面白いようで、描き上げた絵にあまり執着しないように見えますが、といって捨てることはためらわれます。子どもが一生懸命描いている姿とたまっていく魅力的な絵を目にしているうち、これを何かに活かせないかと思うようになりました。そこで、幼稚園の先生に提案したのが、子どもの描いた絵を使った紙芝居づくりです。

四歳くらいの女児は、女の子やウサギなどを一枚の絵にいくつも並べて描いたり、男児だと怪獣や昆虫などを描きつづけたりします。こうした絵を切り取って、一枚の画用紙に貼り、コラージュして新しい一枚の絵をつくりあげるのです。できあがった絵を見ながら、みんなとお話をつくり、先生がタイトルや脚本を書きます。

四歳児クラスの女の子たちは、自分たちの描いた絵を使って、『イチゴひめとレモンひめのおともだち』という紙芝居をつくりました。空の上に住む二人のお姫様のお話で、最後は盛大なパーティを開き、お化けやたくさんの友達を招待して楽しむというお話です。

五歳くらいになると、物語性を込めて一枚の絵を構成することができるようになりますから、描き溜めた一枚一枚に込められた物語を聞きだし、絵をつなげていくことで、一つの紙芝居に仕上げることができるでしょう。お話をつくる途中で必要なものが出てきたら、描き足せばいいのです。

『だれかな？　だれかな？』最初の２場面

紙芝居をつくった四歳児のクラスでは、三歳児クラスの子どもたちを招待して、紙芝居劇場が開かれました。子どもは、自分の絵が紙芝居という新たな作品になったこと、しか

子どもの絵でつくった紙芝居

も、それを先生が演じてみんなが見て楽しんでくれることを誇らしく、うれしく思ったようです。こんなふうに遊びが展開していき、子どもたちによって新たな文化財がつくりだされることは、保育の面白さであり、楽しさでもありますね。

第3章 人形劇――モノに命が宿る

1　子どもと人形の不思議な関係

　ある幼稚園の三歳児クラスでのことです。お庭での遊びに夢中になってしまい、先生に「もう少し早く帰っておいで」と毎日のように言われている男の子がいました。ある日、先生が、遊びを終えて保育室に集まった子どもたちにアンパンマンの人形を使って話しかけると、遅れて戻ってきたその男の子が先生のところにやってきて、アンパンマンにそっと手を伸ばし「あのね、ぼくね、お山の滑り台でね、ロケット滑りした」と耳打ちをして伝えたのです。先生がアンパンマンの人形で「すごいなー、ロケットみたいにびゅーんって滑ったの?」と聞くと、「そう、何回も、何回も、やった」とその男の子は、少し自慢げにアンパンマンに話しました。先生は、特別に声色を変えているわけではありません。しかも子どもの身長にあわせてしゃがんでいるので、人形の横に先生の顔があるのですが、男の子は人形に向かっておしゃべりしているのです。アンパンマンの人形が「明日も、元気に、いっぱい遊ぼうね」と言うと、男の子は「わかった」と大きな声で答えて自分の席に戻っていきました。人形を手にした大人の存在をまったくというほど意識していないような子どもの姿は、とても不思議に感じます。

こんな子どもと人形の不思議な関係に気づいて、知人夫婦は育児の様々な場面に人形で演じることを取り入れたそうです。たとえば、お風呂に入るのを嫌がってなかなか入ろうとしないとき、ウルトラマンの人形を手に「ワタシといっしょに、お風呂に入ろう。汚いと元気のエネルギーがなくなってしまうよ！」などと話しかけると、それまで親の言うことは聞かなかった息子さんが、ウルトラマンを見つめ「でも、ぼく、シャンプー嫌なんだよな」などと答えてくるというのです。一言反応があったらしめたもので、親は自分の気持ちをウルトラマンの人形を介して伝え、会話を重ねながら、子どもがお風呂に入ろうかなという気持ちになるようにうながしたそうです。「あ、早くしないとワタシは三分間しかここにはいられないんだ」という決め台詞の効果も絶大だったとか。

子どもは、モノに命を感じることが容易にできる人たちです。この幼児期の特性をアニミズムといい、とりわけ二歳から四歳くらいに特徴的にみられます。この時期の子どもたちは自他の区別がはっきりしておらず、すべてのものが自分と同じように命をもつと理解します。ですから、モノに命が宿る人形劇を楽しむことが得意なのです。

2　様々な人形劇

人形劇は、原始信仰の呪術に用いられたものが起源とされています。日本において、子どもを観客対象とした人形劇が始まったのは大正時代のことで、まだ一〇〇年ほどしかたっていません。現在の日本では、人形劇は子どものものとみなされがちですが、本来は子どもから大人まで楽しめる舞台芸術であり、海外では人形劇を専門に学ぶ大学もあるほどです。そこでは、様々な人形劇ならではの表現が探究され、たえず新たな作品が生みだされています。なかには、「これも人形劇なの？」と思ってしまうほど、人形らしい人形が出てこないものもあったりします。ともあれ、ここでは、人形劇を「モノを用いた演劇」と簡単に定義しておきましょう。

それではまず、オーソドックスな人形劇の人形について紹介します。

手遣い人形（パペット）

ウサギやイヌやクマなどの動物もの、アニメや絵本のキャラクターものなどが玩具店で販売されているので、最も身近な人形劇の人形です。人形を手にはめて手を広げたり握ったりすれば人形が動きます。自分のからだの動きが人形に直接反映されるという点で、初心者にも扱いやすいでしょう。

裁縫ができれば、自分でも簡単につくることができます。ちなみに私の授業では、三年生が一

学生がつくったクマの人形

人一体クマの片手遣い人形を制作します。みんな同じ型紙からつくるのですが、少しずつ違った表情になるのが面白いところで、そこから〝わたしのクマさん〟という愛着が生まれるようです。

糸操り人形（マリオネット）

人形の頭や肩、腕や足に糸を付けて吊り下げ、演者は上から糸を引っ張ったり緩めたりと操作して演じる人形です。糸操り人形の操作は手遣い人形などに比べると難しいです。複雑な動きを可能にしようとすると、そのぶん人形の関節を多くして各関節が曲がるようにし、たくさんの糸を付けることになります。しかし、簡単なものでは、スカーフの中央に小さなボールを入れて縛り、四隅に糸を付けただけでも、面白い糸操り人形として遊ぶことができます。

写真の糸操り人形は、「人形劇団プーク」の「スカーフのファンタジー」の人形を参考につくりました。

棒と紙コップでつくる棒遣い人形

布でつくる簡単な糸操り人形

棒遣い人形

人形の芯を貫くように刺した棒をもって演技します。幼児や小学校低学年の子どもたちが初めて人形劇を演じるような場合は、単純な操作で動く芯棒のみの棒遣い人形が操りやすいでしょう。

文楽人形

日本の伝統的な人形劇といえば、人形浄瑠璃です。三味線の伴奏と、太夫の語り、そして人形遣いによって演じられる人形浄瑠璃は江戸時代に生まれました。使われる人形は、頭（かしら）と人形の右手を操作する主《おも》遣い、人形の左手を操作する左遣い、足を操作する足遣いの三人によって操作されます（三人遣い）。海外からも注目され、人形劇のタイプの一つとして「BUNRAKU」と表記されます。

オブジェクトシアター

それぞれの物体（オブジェクト）の色や形、素材感や機能といった特性を活かし、人形に見立てたモノを登場させて演技をする人形劇です。ハンガリーの人形劇団「フィギュリーナ」による「白雪姫」は、白い蠟燭の白雪姫が毒りんごを食べて死んでしまうと炎がふっと吹き消され、青い蠟燭の王子のキスによって生き返るとふたたび炎が灯るといった演出がされていました。

日本では人形劇の人形も、博多人形のような鑑賞用の人形も、抱き人形や着せ替え人形といった玩具の人形も、すべて「人形」と称していますが、英語では人形劇の人形は「パペット puppet」、それ以外の鑑賞用や玩具の人形は「ドール doll」と使い分けています。

3　人形劇の祭典

人形劇は、紙芝居よりも非日常的なものです。小さい子どもがいても、一年に一回も人形劇を見ないという家庭の方が多いのではないでしょうか。しかし、そんな人形劇が六日間、まち中にあふれる祭典があります。「人形劇のまち」を掲げてまちづくりに取り組んでいる長野県飯田市で、毎年八月に開催されている「いいだ人形劇フェスタ」です。この祭典には、全国そして海外からプロ・アマチュアの人形劇団が参加します。その数なんと三〇〇劇団以上。これらの劇団が、市内全域に設営される一四〇会場で合計四五〇ステージの上演を行います。飯田人形劇場や飯田文化会館といった公共施設はもとより、地区の公民館や、小学校・保育園や神社の境内など、様々な場所が上演会場となります。この規模は日本最大で、さらに四〇年間も継続開催されていること、二〇〇〇人以上もの市民ボランティアによって運営されている点は他に類がなく、注目されています（いいだ人形劇フェスタ実行委員会「いいだ人形劇フェスタ報告書類２０１９年概要」）。

各会場は親子連れであふれ、「今日はどれ見にいくの？」「昨日見たこの人形劇は、とても面白かったよ」といった会話があちこちで交わされます。子どもと一緒に毎日人形劇のはしごをし、期間中七〇〇〇円の参加証ワッペンを付け、一〇ステージ以上観劇するお母さんもいます。私が以前、市内の保育園・幼稚園の全保護者を対象に実施した調査では、半数の方が子どもとともに人形劇フェスタに参加し、人形劇を楽しんでいることがわかりました。

この祭典に、私のゼミ三、四年生による「京都女子大学人形劇団たんぽぽ」が毎年参加しています。動物園の野外ステージや歩行者天国となった商店街の夏祭り会場、市庁舎別館や商工会館、さらには自宅を文化活動の場としている古民家など、毎年二、三会場で上演を行います。

二〇一九年に、市街地から車で三〇分程離れたこの古民家の会場で上演したときには、親子だけでなく一人暮らしの高齢者など、その地域に住む幅広い年齢層の方々が四〇～五〇人ほど来場してくれました。ふすまを取りはらった二間の和室をつなげた細長い会場に、前の方に子どもたちが、縁側に近い後ろの方に並べた椅子に高齢者の方々が座りました。人形劇団たんぽぽの演目

「タオル劇場 なにができるかな」

は、「なにができるかなー」と歌いながらタオルで次々に動物をつくっていく「タオル劇場 なにができるかな」と「3びきのこぶた」の二本。ジョイントした飯田市の社会人アマチュア人形劇団の「田辺」は、「赤ずきん」や「金の斧・銀の斧」など子どもも知っているお話に独特の解釈を加えた「普通の生活」という作品を上演しました。

保育園とは違った場所で人形劇が始まることに、子どもたちは気持ちが少々高ぶっているようです。会場の狭さもあり、子どもたちの笑い声や学生の問いかけに応える元気な声が、いつも以上に響きました。後ろで見ていたおばあさんは、舞台で演じられる人形劇よりもそんな子どもの姿や反応に一喜一憂しているようで、ブタを追いかけるオオカミに「やめてー」と小さな男の子が叫ぶと、「はっはっは」と笑い声を上げました。

「普通の生活」は、「田辺」のメンバーも子どもがどう見るか少々心配していたのですが、奇想天外な展開が続く「赤ずきん」に「え！　え！　え！」を繰り返したり、湯のみの女中に擦り寄る急須の殿様に大人たちが大受けしている場面でポカンとしたりしながらも、飽きたりそっぽを向くということはまったくありませんでした。

保育園や幼稚園、児童館や子育て支援のひろばといった、子ども中心の場ではないところで上演したことにより、学生たちは人形劇の大衆芸能的な一面を発見したようです。後ろの方で椅子に座って見てくれていたおばあさんが、終演後、学生たちに、「ありがとね。また、子どもたちに人形劇見せに来てやってな」と言ってくれました。その場に集まった人たちを年齢をこえてあたたかくつなぐ人形劇の力を、学生たちは感じたようです。

人形劇フェスタには三〇〇以上の人形劇団が参加すると先に書きましたが、プロ・アマチュア、国内・海外、伝統人形芝居・現代人形劇、片手遣い人形やマリオネットや影絵など、実に様々な人形劇に出会うことができます。

デンマークの人形劇団「ソフィー・クロッグ（Sofie Krog Teater）」の「歌姫（Diva）」は、数年先まで上演が決まっているほどヨーロッパを中心に注目される作品です。幕で覆われた直径一・五メートル、高さ二メートルほどの円柱状の舞台は、場面転換ごとに回転し、歌姫が立つ劇場のステージ、劇場の屋根裏にある教授の実験室、歌姫を慕う執事の部屋が、観客席に向けて止まるとカーテンが開いて現れます。からだをなくした教授は完全な肉体をつくる霊薬の実験を重ね、あと一歩の段階にたどり着きます。材料調達の命を受けた弟子のウサギ・エディは、歌姫の気を失わせ、その間に髪飾りについた果実を盗み取ります。執事は歌姫の一大事に、急遽アクロバットのゲストスターを依頼しますが、何と公演中にスターの首がポロンと転げ落ち、エディはそれを奪って実験室に向かいます……。緻密な仕組みが施されたマシーンのような舞台のなかで、人形たちが時に艶めかしく時にコミカルに演じられます。口を動かして歌い瞼を開け閉めして妖艶なまなざしを観客に向ける歌姫は、演者が左手で等身大の頭《かしら》をもち、右手は歌姫の手となって演じます。実験室をところ狭しと動き回り装置を器用に操るエディは手にはめた片手遣いの人形だからできる技です。また、白い手袋だけで表現される執事は器用にボトルのワインをラッパ飲みします。ストーリーはやや難解ですが、人形デザインも含め随所にユーモアが散りばめられたこの作品は、観客の目を釘付けにします。終演後の鳴りやまない拍手のなかに登場したのは、一人の女性。ソフィー・クロッグは、なんと、脚本・人形・音楽づくりから上演まで、すべて一人で行うのです。そんなところも驚きの作品でした（「Diva – Sofie Krog Teater」www.sofiekrog.com/diva参照）。

優れた芸術性をもったエンターテインメントは、国をこえ、年齢の制限をなくし、みんなが夢の世界を過ごす空間をつくるのだと感動します。いいだ人形劇フェスタは、国内外の優れた作品を一時にたくさん見ることができる贅沢な場です。

4　乳幼児向けの人形劇

ゼミ生の人形劇団たんぽぽに、近年、様々な子育て支援の場や、保育園の〇・一・二歳児クラスの乳幼児を対象とする上演の依頼がたくさん来るようになりました。

子育て支援の始まりとともに、日本の人形劇界でもそれまでは観劇対象としていなかった三歳未満の小さな子どもたちを対象とする「赤ちゃん人形劇」とでもいうジャンルが意識されはじめました。

しかし、〇・一・二歳児の前で人形劇を演じるのはとても難しいのです。笑いや反応がほとんどなく、集中して座っていることもできません。それもそのはずで、三歳未満の子どもたちには、舞台につくりだされるお話の世界を、距離を置いた客席から意味をとらえて鑑賞することはまだまだ難しいのです。特に〇・一歳は、実物や実体験をとおし、五感を使って外界と関わっていく発達の段階です。

言葉でのコミュニケーションがある程度自由にできるのは三歳になってからです。それまでの実物や実体験をとおした理解の世界から、言葉による概念的思考の世界に入っていきます。二歳までの笑いは、からだで感じる快（ふれあい遊び）や視覚への刺激（いないいないばあ遊び）などによる笑いが中心ですが、三歳以降になると、予想とのズレや登場人物への共感など、言語や思考の発達によって生じる笑いが増加していきます（友定啓子『幼児の笑いと発達』勁草書房、一九九三年）。

赤ちゃんの発達を脳科学の面からも理解しながら、赤ちゃんに人形劇は必要か、赤ちゃんの発達にふさわしい人形劇はどんな人形劇かという研究が、日本でも取り組まれるようになりましたし、世界では二歩も三歩も先を進んだ研究と実践が行われています。そうした人形劇は、私がこれまでとらえていた、観客と演者と脚本によって構成されるという「演劇」の定義をより柔軟にとらえないと納得できないような「人形劇」です。きれいに張られた薄い淡い色の布がふわふわ揺れる空間に、その布と戯れるように赤ちゃんと一緒に入りこみ、役者にうながされてそこに置かれている水たまりをぴちゃぴちゃ触ってみたり、上から雨だれのように「ぽつ　ぽつ」と落ちてくるしずくの音を聞いたり。これは海外の劇団の作品ですが、五感で味わうことが重視されているようです。

「あかちゃんとあ・そ・ぼ！」の人形たち

人形劇団たんぽぽの学生たちと〇・一・二歳児を対象につくった作品に、赤ちゃん劇場「あかちゃんとあ・そ・ぼ！」があります。赤ちゃんが、ニワトリとヒヨコの親子、ブタ、サル、ヘビなどに出会い遊ぶという単純なストーリーで、セリフはすべてオノマトペで表し、電子ピアノと打楽器の生演奏で音楽をつけました。

静かに見てくれることは最初から想定していませんが、反応が少ない赤ちゃんの観客を前にどう演技したらいいのか、経験の少ない学生たちには、とても難しい上演でした。赤ちゃんを膝に

タオル人形をつくるお母さんたち

抱いたお母さんが、「あ、コッコさんだよ。おさんぽ、おさんぽ」とか「おサルさん、ききーって、おこってるよ。ぼくの積み木返してよーって」など、解説を加えながら見てくれました。赤ちゃん絵本と同じように、大人と子どもが一緒に遊びながら見ることに意味があるのかもしれません。

実際、二〇〇〇年に、日本のプロ劇団の〇・一・二歳を対象とした人形劇について調査したことがあるのですが、赤ちゃんと一緒に見ているお母さん・お父さんに向かって問いかけながら演じていくという作品がいくつもありました。

私は、親子で人形劇を見たことがなにかしら、その後の親子の遊びを豊かにするきっかけになってくれたらと願っています。そこで、人形劇団たんぽぽが子育て支援のひろばで「タオル劇場　なにができるかな」を上演した後、劇中に登場したタオル人形のつくり方をお母さん方に教えました（章末を参照）。身近なものを使って遊びが生まれること、人形遊びの面白さを感じてもらえたように思います。

5　人形劇遊び

人形劇は見るだけではなく、演じて遊ぶ「人形劇遊び」もおすすめで、もっと気軽に楽しんでもらえたらと思います。

人形を介して、子どもと大人がつながりあえることを実感した出来事があります。大学の公開講座で、親子で人形をつくって遊ぶワークショップを行ったときのことです。スカーフ一枚とスチロール球と棒でつくる男の子と女の子の人形をつくり終わった子どもたちが、さっそく人形をもって遊びはじめました。子どもたちは追いかけっこを始め、それがいつの間にかかくれんぼになり、途中で音楽をかけると踊りが始まりました。かくれんぼの鬼になった子は壁に人形をくっつけて一〇数え、隠れる子どもは人形をロッカーの隅に忍ばせるなど、人形を動かし、演じて遊んでいることが見て取れました。

そこに保護者も人形をもって加わりました。「わたしも入れて」「いいよ、じゃんけんで鬼決めるよ」など、会話には「お父さん」や「お母さん」という呼び名はまったく出てこず、子どもも大人も、男の子や女の子になって遊び回り、驚いたことにそれは一時間近くも続きました。講座の終了時間を迎え仕方なく終わりの声をかけたのですが、そのとき、四歳の男の子が男の子の人形で、お母さんのもつ女の子の人形に言いました。「また、遊ぼうね」。すると、お母さんが女の子の人形で「うん、遊ぼうね。いつも、あんまり遊べなくてごめんね」と言いました。仕事をもつこのお母さんは、いつも祖母に息子の面倒をみてもらっているのだそうです。普段感じていながら、素のままの自分だと言いにくい一言を、このとき人形を介して伝えられたのかもしれません。

人形劇遊びをする親子

何もないフローリングの部屋で、人形を手に一時間近くも笑顔いっぱいで遊んでいた親子の姿、そして、最後のこのお母さんの一言を聞いて、私は、人形の力を感じました。子どもも大人も人形になりきることで、つまり別のものを演じることで、お互いの新たな関わり方を見つけたり、自分の気持ちを表出できたのです。

子どもの「見立てる力」には驚くべきものがあります。ぜひ、大人も一緒に想像力を膨らませて、遊んでみてください。

ウサギのつくり方

長方形のフェイスタオルを使います。

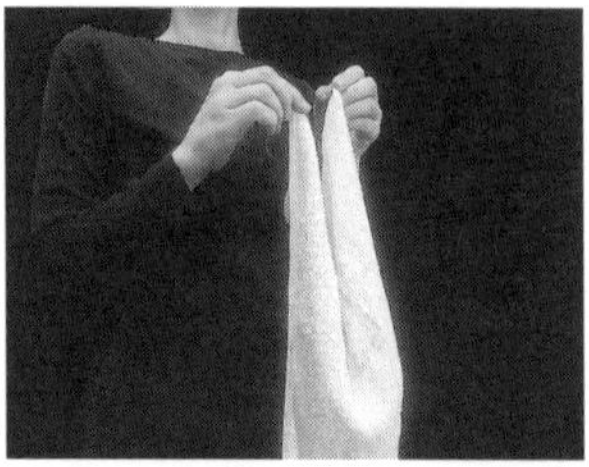

① タオルを縦にして、上の両端をもちます。もっている両端を中央に寄せ、間がＶ字型になるようにして合わせます。

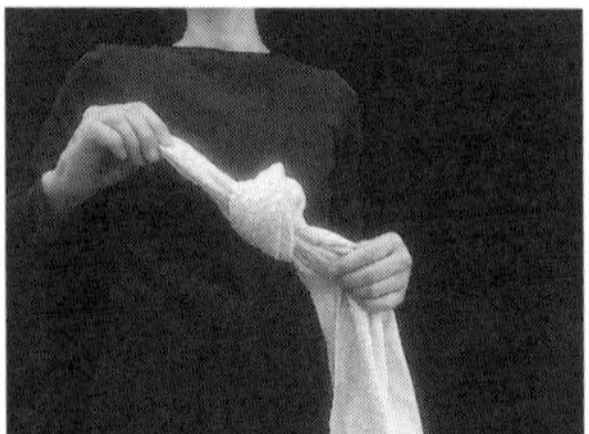

② 両端を合わせてもち、ひとくくりして縛ると頭ができます。

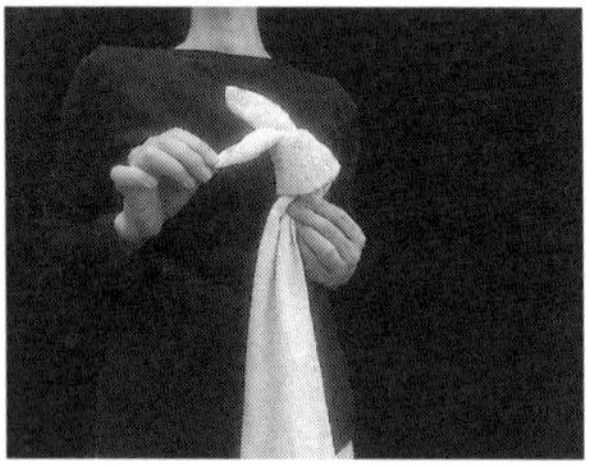

③ 初めにもっていたタオルの両端が耳になります。

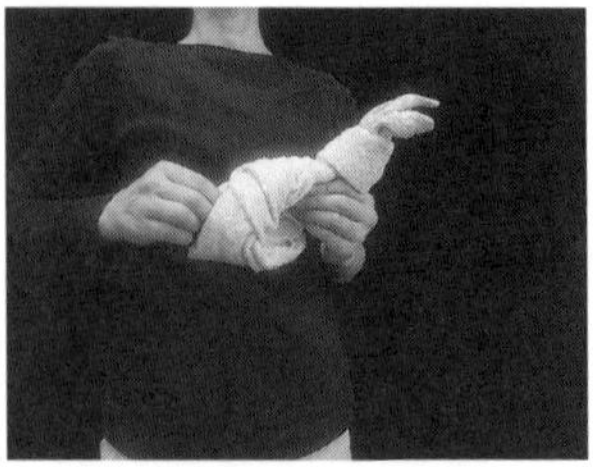

④ 頭と反対側をゆるめにひとくくりすると体ができます。

⑤ ウサギのできあがりです。ピョンピョンはねるように動かしてみてください。

「タオル劇場　なにができるかな」（京都女子大学人形劇団たんぽぽ／丹下進：作）

タオルは薄地のものが扱いやすいでしょう。色なども考えると、子どもの想像力を広げ、見立てをうながします。

ヒヨコのつくり方

正方形のハンドタオルを使います。

① タオルを広げて置き、三角形に折ります。

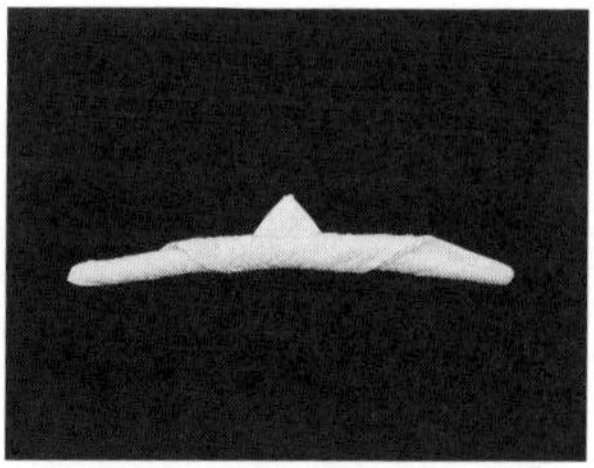

② 底辺から頂点に向かい巻いていきます。くちばしになるぶんだけ少し残します。

③ くちばし部分が内側になるようにして半分に折ります。

④ 下に垂れている片方を、くちばしの方にもちあげて巻きつけます。端を、巻きつけたところに入れこんでとめます。

⑤ もう片方も巻きつけて、同じように巻きつけたところに入れこんでとめます。

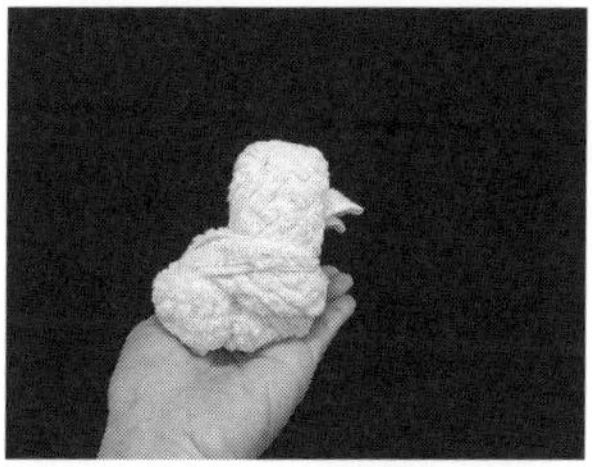

⑥ ヒヨコのできあがりです。上下の口ばしの形を整えると、かわいくピヨピヨ鳴いてるように見えます。

第4章 影絵——具体と抽象の間で

だんだんと日差しの強まりを感じるようになった五月半ばの日曜日、私は公園のベンチで一息ついていました。一歳半くらいでしょうか、とことこと歩いてきた男の子が、ふと立ち止まり自分の足元にある黒いものに目をとめました。しゃがんで、その黒いものを触ってみましたが何もありません。お母さんの方を、何か言いたそうな顔をして見ました。立ち上がってまた歩きはじめると、黒いものもずっとついてきます。バタバタ跳ねるように歩き回る様子を見て、一緒にいたご両親は思わず笑いだしました。私も、ついほほえましくて笑ってしまいました。

地面に映った自分の影、のっぺらぼうの真っ黒け。自分が動くたびに形が変わり、離れようとしてもついてくる。「何だろう、これは?」この男の子にとっての新しい発見です。

モノに光が当たると必ず影ができます。光は、太陽の光だったり、焚火や蠟燭といった炎の灯りだったり、電球や蛍光灯の電気の照明だったり。昔話には月明かりに照らされてできた影にまつわるお話もあります。

かつては、子どもたちがキツネなどの手影絵を障子に映して遊ぶ光景が見られましたが、一九六〇年代の蛍光灯の普及や住宅の洋風化によって、影や影絵遊びは私たちの生活の場から遠ざかってしまいました。数年前、白い木綿の布を天井に画びょうで止めてスクリーンにし、その裏側から光源となるライトを当て人の影を映したところ、表側からも影が見えることに驚く学生がいて、こちらの方が驚きました。影絵遊びは、今の子どもたちや若者たちにとって身近なものではなくなっているのだと強く思ったのです。

1　影絵の歴史

人々が影を絵としてつくったり、それを見て楽しむこと、つまり「影絵」はいつごろ始まったのでしょうか。プロの影絵劇団の一つ、「劇団かかし座」の代表をつとめる後藤圭さんは、影絵の歴史や種類について何冊もの著書で紹介しています（劇団かかし座：監修／後藤圭：文『影絵』文溪堂、二〇一二年。後藤圭『影絵をつくる』大月書店、一九八三年）。

そのなかで後藤さんは、紀元一世紀のローマの学者プリニウスが『博物誌』のなかで、恋する若者と別れなくてはならなくなった娘が、若者の存在を永遠に身近に感じていられるように、若者の顔を〝影〟の形で描いたのが影絵の起源であると記していると述べています。肖像画とは違い、その人自身の影を写しとった〝影絵〟は、まさに魂の意味をもつ「御影（みかげ）」にも通じるように思います。

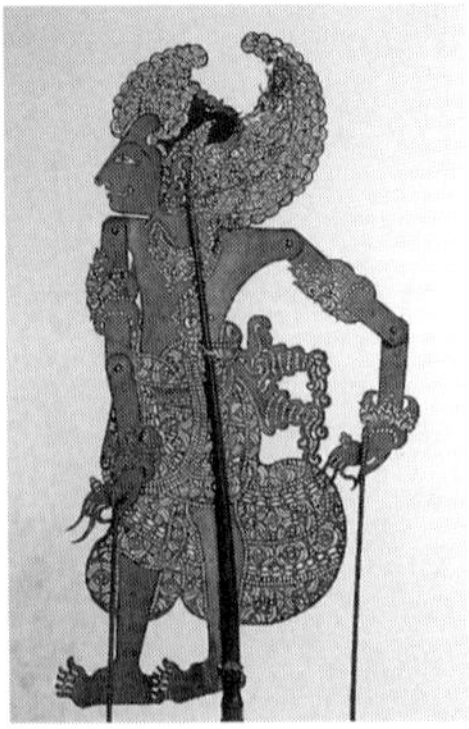

インドネシア・バリの影絵人形（日本ワヤン協会所蔵）

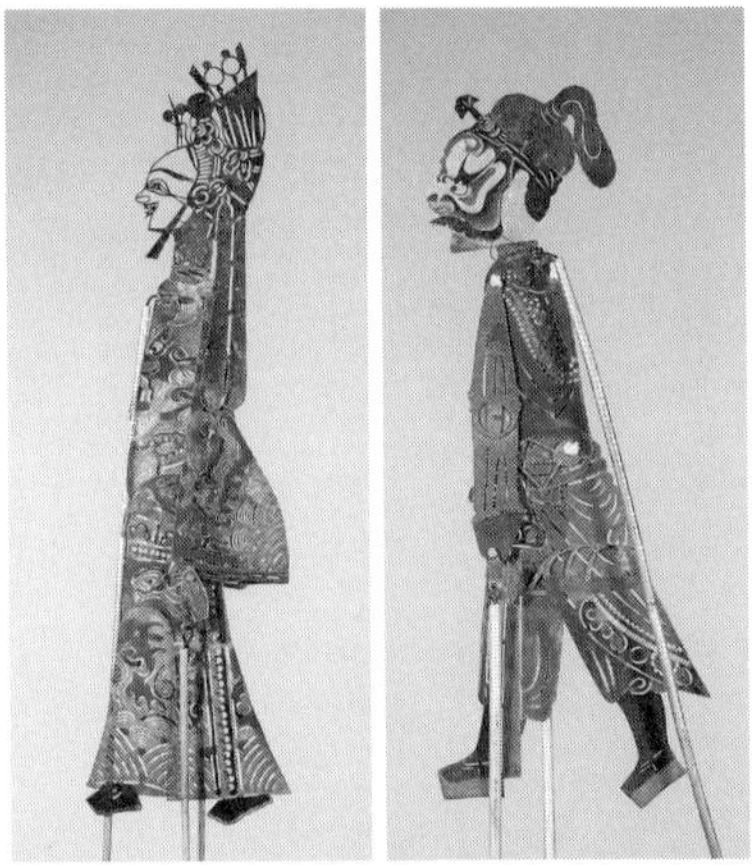

中国の影絵人形「皮影」（東京家政大学博物館所蔵、松本亮コレクション）

影絵は人形劇の一ジャンルです。前章で述べたように様々な人形劇が世界中にはあります。影絵は、中国で誕生し、アジア一帯に広がり、それぞれの地域で民俗的な発展をとげました。アジアは影絵の宝庫であり、現在も各地域ごとに特徴をもつ伝統的な影絵劇が継承されています。

中国の影絵の歴史は、紀元前一二一年にさかのぼります。漢の七代皇帝武帝が愛妻を亡くして哀しみに暮れていたところ、巫術師《ふじゅつし》（シャーマン）が一計を案じ、アラス織りの布の内側に知人の女を立たせ、皇帝に、妃の姿だとその影を映して見せたという伝説が残っています。愛する人に二度と会えない状況が影絵を生みだしたというのは、ローマの若者と娘の悲恋の話にも重なります。

この話の信憑性は定かではないようですが、

カンボジアの影絵「スバエク・トム」（奈良井千依氏資料提供）

こうして誕生したとされる中国の影絵は、後に、ロバや羊のなめし皮の人形を使った影絵劇として発展し、「皮影戯（ピーインシー）」と呼ばれています。彫刻刀で繊細に切り抜かれ彩色を施された影絵人形は、白い布のスクリーンに押しつけるように、人形に対し操作棒を垂直にもって操作します。光源の油燈（ランプ）をスクリーンの上部につるすことで、操作者の影はスクリーンに映りません。

インドネシアのジャワ島やバリ島の影絵は、「ワヤン（影）・クリ（皮革）」と言います。水牛の皮を細工した人形で、ガムランの伴奏にあわせ、「マハーバーラタ」や「ラーマーヤナ」などのインドの古代叙事詩を素材としたものや、仏教・ヒンズー教・イスラム教などの要素をもった物語が語られます。ワヤン・クリは、子どもの誕生日や成人の祝い、結婚式などの人生の節目、村落の節句行事の場で上演され、それは夜を徹したものになります。

中国の皮影戯と同じく、インドネシアのワヤン・クリも、影絵の人形は動物の皮を細工し鮮やかな彩色がしてありま

歌川広重による影絵の手引書「即興かけぼし尽し」（東京都立中央図書館特別文庫室所蔵）

す。影絵は、スクリーン越しに映った影を表側から見るのが一般的ですが、ワヤン・クリの場合、観客はスクリーンを囲んで四方から見ることが可能です。興味深いのは、影が映るスクリーンの表側は「現実の世界」「現世」を、スクリーンの裏側は「異世界」「浄土」を表すとされていることです。一見逆のように思えるのですが、幻想的な影で表された方が「現世」で、形ある色鮮やかな人形によって表現される方が「あの世」なのです。インドネシアでは、裏側の「あの世」「浄土」の側から見る人が多いのだそうです。

このほか、カンボジアの「スバエク・トム」という大きな団扇型の人形を操演者がタップを踏みながら操る影絵も有名で、内戦後復興されてユネスコの無形文化遺産に登録されています。

一方、日本では、手影絵が古くからあり、江戸時代の文献にもその様子が見られます（とうたいりゅう『影絵劇への招待』晩成書房、一九七九年。山本慶一『江戸の影絵遊び――光と影の文化史』草思社、一九八八年）。歌川広重が描いた「新板かげぼしづくし」は、手影絵の手引書で、手の組み方や小道具の使い方を描いた絵と障子に映しだされた影がセットで描かれています。また、「即興かけぼし尽し」（歌川広重：画）には、からだ全体を使って着物のシルエットで雁やネコ、茶碗と茶台などの影をつくるお座敷芸として楽しんだと思われる影絵遊びが紹介されています。また影絵の人形は、伊勢型紙（着物に柄や文様を染めるのに用いる型紙。和紙に柿渋をぬり張りあわせてつくる）の廃材を利用した影絵人形が郷土玩具としてつくられたのがその始まりで、路上で実演販売もされました。

アジアではそれぞれの国で一番身近にいた動物の皮を細工して影絵人形がつくられ、もともとは宗教的な演目が演じられていたのに比べ、日本は、手やからだを使ったお座敷芸の遊びとして影絵が生まれ、影絵の人形も紙でつくられたという大きな違いがあります。

日本にもプロの影絵劇団がいくつか存在します。先にあげた劇団かかし座は、戦後一九五二年に他に先駆けて創立されました。また、第2章で触れた一九六八年に創立された影絵人形劇団みんわ座は、影絵人形を用いた影絵とあわせて、江戸時代に日本で生まれた写し絵の調査・復元に取り組み、その映像技術の高さを世界に紹介しました。インドネシアで影絵を学び、その手法を活かしたオリジナル作品を上演する「人形一座ホケキョ影絵芝居」は、ガムランの楽器を使った生演奏の音楽と影絵が融合した不思議な世界観を醸しだす作品を上演します。

2　影絵劇をつくって遊ぶ

影絵を見たことがないと、影絵をつくることはとても難しいことのように思われるかもしれませんが、案外簡単につくって遊ぶことができます。

影は、光がモノにさえぎられることによってできる黒い部分です。つまり、影絵をつくって遊ぶためには、光を出す光源と、影となる人形などのモノと、影を映しだすスクリーンの三つがあればいいのです。

幼稚園の四歳児クラスの子どもたちと影絵遊びをしたときには、光と影で海の世界をつくりだしました。手芸店で買った白い布を縫いあわせて、たくさんの子どもが一度に影を映しだせるよう大きなスクリーンを準備しました。光源は、最近安価で手に入るようになり会議でもよく使用されるプロジェクターです。パソコンと接続して、海をイメージした薄水色の四角い画面をスクリーンに映しだしました。

遊戯室にやってきた子どもたちは、初めて見る大きな白い布のスクリーンに、「大きい！」「先生、あれなあに？」と、駆けよってきました。「なんだろうね。楽しみにしていてね」。子どもたちは落ち着かないまま、担任の先生に導かれてまとまって座りました。

この子どもたちは、一〇日ほど前に水族館に行き、いろいろな海の生き物やイルカショーを見てきました。きれいな色の珍しい形をした魚や砂のなかからにょきにょきと姿を現すかわいいチンアナゴなど、帰ってきてからさっそく図鑑で調べる子どもの姿が見られました。そんな子どもたちに、この日、『スイミー――ちいさなかしこいさかなのはなし』（レオ・レオニ：作／谷川俊太郎：訳、好学社、一九六九年）の絵本を読み語り、影絵で海の世界をつくって遊ぶことにしたのです。

「これからお部屋が暗くなって、ここが海のなかになるよ。天井の電気さん、消えてください。消えてください。消えてください」。灯りが少しずつ消え真っ暗になると同時に、私は、海のなかを感じる音楽を流し、続いてプロジェクターの灯りをともすと、スクリーンに薄水色の海のなかのこんぶやわかめの林の影が映しだされました。「わー、海！」思わず立ち上がる子どもがいます。そこにおもむろに魚を登場させました。一人でやっているものですから、右手と左手に一本ずつしか魚の影絵人形をもてません。ひらひらと尾びれを動かしながら、二匹の魚が右に行ったり左に行ったり、上の方に向かって泳いだり。魚が岩陰に隠れると、ちょうど音楽が替わり、次に岩陰からイセエビを登場させます。頭の部分とからだの部分を割りピンでつなげて動くようにしたイセエビは、二本の操作棒を上下させて動かすとハサミが上がったり下がったりして勢いのある動きをします。「生きてるー」の声がかすかに聞こえ、私は思わず心のなかでガッツポーズをしました。絵本に出てきた色鮮やかなイソギンチャクや、長いウナギもくねくねと登場させました。

子どもたちは影絵を見終わると、さっそく影絵人形づくりに取りかかりました。画用紙に好き

影絵で海のなかの世界をつくる

な海のなかの生き物を描いて、ハサミで形通りに切り取ります。そこに、幅一・五センチほどの平たい棒をセロテープで取り付けました。

サメをつくった子は、人形をもって「しゃー」と勢いよく海のなかを泳ぎ回ります。イカをつくった子は、サインペンで描いたたくさんの足を切るのに苦労しました。うまく切れずにちぎれてしまった足はセロテープで修理し、「影になったら、セロテープの包帯はわからなくなるから大丈夫よ」となぐさめます。やっとできあがったイカを映してみると、セロテープで付け足した痕跡は、影にはまったく映りません。「足が動いてる」と、紙の足がぴらぴら小刻みに動く影を見てやっと笑みがこぼれました。一方、魚のウロコ一枚一枚に色づけをした女の子は、影に映すと真っ黒になった魚を見て、「先生、魚がまっくろ」と不思議そう言ってきました。

子どもたちにとってこの影絵はかなり面白かったようで、それ以降も魚の影絵で遊ぶ活動が続き、担任の先生は、工夫して保育室内に段ボールで影絵劇場をつくってくれました。そして、子どもたちはとうとう自分たちで魚のお話をつくりあげ、他のクラスの子どもたちを招待して影絵の上演をしたそうです。魚の子どもたちがかくれんぼをして遊ぶというような短いお話でしたが、岩陰の影のなかに入ると自分の魚の影が見えなくなるという、影の原理をわかって演じる子どもの姿があったようです。そしてなにより、拍手をもらったときの子どもたちの笑顔が素敵だったと担任の先生が話してくれました。

保育室での影絵劇場

保育の現場では子どもの人数を考え、大きなスクリーンやそこに光を当てるための照明機器が必要ですが、大学の児童文化学の授業では、机の上で映すミニ影絵をつくってみます。

スクリーンは、B4やA4の大きさの上質紙を半分に折って、折り目を上にして山型に机の上に立たせます。底辺部をセロテープで机に止めると安定します。人形は、五センチ四方ほどの画用紙に自分で好きなものを描いて輪郭線を切り取り、短く切った竹串にセロテープで貼り付けます。消しゴムに刺すと自立します。光源のライトは、スマートフォンのライトのアプリを使用するととてもきれいな光が出ます（ペンライトや

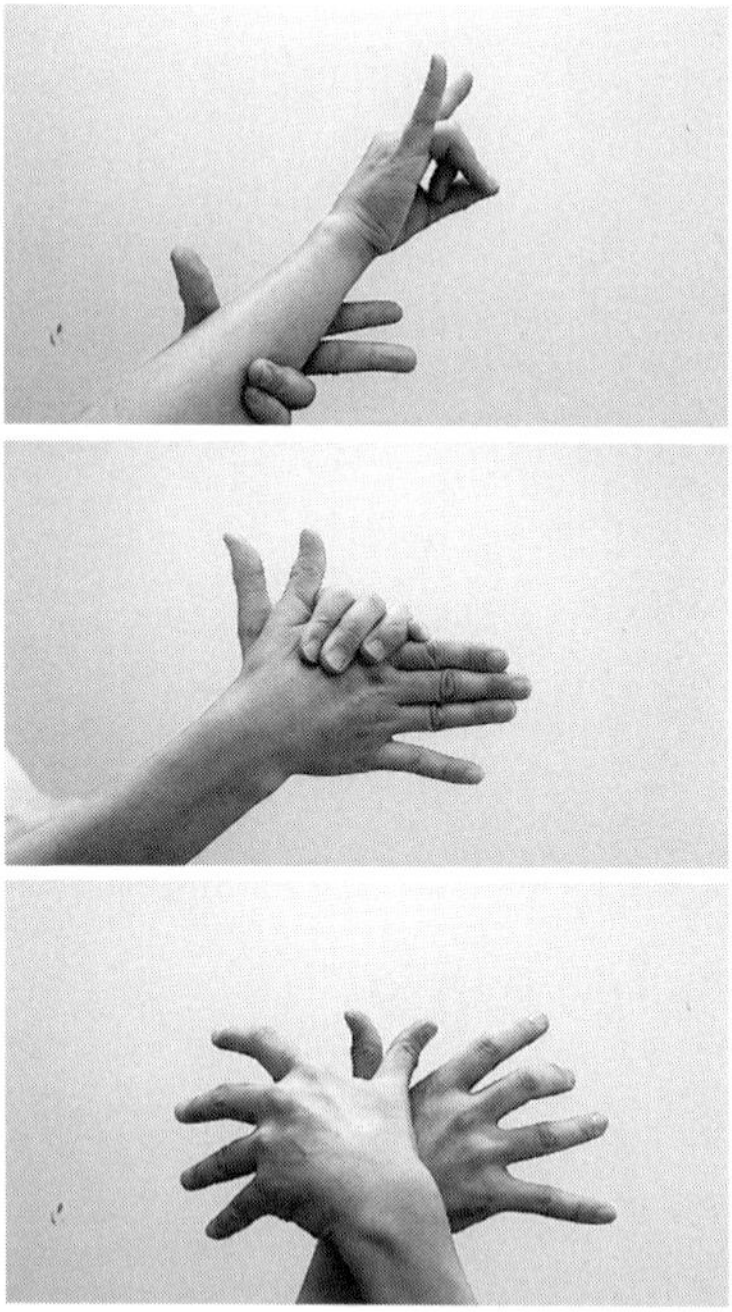

手影絵のつくり方（上からキツネ、イヌ、カニ）

懐中電灯などでもいいです）。

　一五分もあれば、学生たちは自分の好きな影絵人形をつくりあげました。頃合いを見て、教室の照明を落とすと、教室のあちこちから「わー」とか「かわいい」とか歓声が上がりました。影絵に初めて出会ったという学生は、そのシンプルさに他の文化財とは違う新鮮さを感じたようです。

「影を動かすには、どうしたらいいでしょう?」。まずは、人形を動かす学生たち。「人形を動かさなくても影は動きますよ」。この問いかけに、一瞬考え「あ、そうか……できた」「動いた」の声があちこちから上がりました。ライトを動かすと影が、ひょいひょいと左右に、上下に、くるくる回転したり、何と自由に滑らかに動くことか。一歩ずつ前進するように動かしてみたり、左右にからだを振ってダンスさせてみたり、影の動きの軽妙さに笑い声が起こります。

　人形をつくらなくても、手でつくる手影絵で影絵はもっと簡単に楽しめます。影絵の歴史でもふれましたが、手影絵は、江戸時代から続く日本のお家芸と言ってもいいものです。キツネはきっとどなたもが知っているでしょう。その他、すぐにマスターできる簡単なものもありますから、いくつか覚えておくと、いつでもどこでも子どもと影絵遊びが楽しめます。

手影絵も、紙でつくる影絵人形も、そんなに上手に形をつくる必要はありません。影絵は抽象性が高いという特徴をもっています。その特徴ゆえに、子どもたちは影絵劇をつくって遊ぶときにも、そして見るときにも、想像力を働かせて能動的に取り組みます。想像することが楽しいですし、その経験の積み重ねが想像力の育ちをさらにうながします。

3　影を使った遊び

太陽の光を使って明るい場所で影絵遊びを楽しむこともできます。一二月のある晴れた日、子どもたちが遊戯室での活動を終えて保育室に戻る途中、テラスの壁に自分たちの影が映っているのを見つけました。男の子が立ち止まって、頭の上に手で丸をつくってポーズをとりました。その後ろを歩いていた男の子も、両手をそろえて頭の上にぐっと伸ばしてポーズをとりました。壁には一本棒の鉛筆みたいな影ができました。先生がそれに気づいてかけた「面白い影ができたね」の一言で、テラスでの影絵遊びが始まりました。

片手をあげて「グー、チョキ、パー」と言いながら影をつくっていた女の子に、隣にいた女の

壁に映った影で遊ぶ子どもたち

子が「じゃんけんぽん」とかけ声をかけると、影絵じゃんけんが始まりました。自分の手の動きに合わせて形を変える影。まっ黒だけど、グーやチョキやパーがちゃんとわかります。自分の影と友達の影が白い壁でじゃんけんしているという感覚も、面白がっているようでした。

影踏み遊び

太陽が大きなライト、地面がスクリーンとすると、私たちが立っている地球の上は巨大な影絵劇場みたいです。影踏み遊びはそんな自然を利用した遊びで、鬼に影を踏まれたら、踏まれた子が鬼になるという、追いかけっこの鬼遊びです。

最初はただ単に鬼から遠ざかろうと逃げていた子どもたちも、回数を重ねていくと、いろいろなことに気づきはじめます。五歳くらいになると、午前中とお昼過ぎ、夕方では影のできる方向や長さが違うことに気がついて、影の伸びる方向と鬼がいる場所を考えながら逃げ回る姿が見られるようになります。また、逃げられなくなったら、木や建物などの自分の影より大きな影にすっぽり入ったり、しゃがんで小さくなって影を小さくすることで鬼に影を踏まれないようにしたりと、いろいろ知恵を働かせて逃げ回ったり、追いかけたりする姿が見られます。

太陽と影の関係は、小学校三年生の理科の単元にありますが、それよりもずっと前に、子どもたちは遊びのなかで太陽と影について実体験をとおして学んでいるのです。

モノ当て・人当てクイズ

影の特性を活かしたモノ当てクイズ・人当てクイズは、スクリーン越しに映った影を見て、それが何か・誰かを当てるという遊びです。単純ですが、問題を出す方も答える方も、影の特性を考えて一工夫・一ひねりするのが面白いのです。

影は、光がモノに対して垂直に当たった断面図がシルエットの形となって映しだされます。たとえば、トイレットペーパーは、光が当たる方向によって、ドーナツ型の影になったり、四角い影になったりします。「これなーんだ」「本?」「ノート?」「お菓子の箱?」「ちがいます。それでは、少し影が変わります。よく見ていてくださいね」。そう言いながら少しずつトイレットペーパーを傾けていくと、ドーナツ型に影が変化し「トイレットペーパー」の声が上がります。それも、半信半疑のようなつぶやき。「さあ、なにかな?　正解は……」。スクリーンの裏から実物を取りだして子どもたちに見せると、当たったと喜ぶ子どももいれば、驚いたような表情の子どももいます。日常見ているモノがまったく違って見える面白さ、質感のない影の不思議さをおおいに感じることができる遊びです。

ある幼稚園で、モノ当てクイズをやったときのことです。終了後、保育室にあったセロテープカッターや鉛筆削りなど、いろいろなモノを手に取って、上から下から横からといろいろな方向から確かめるように見ている子どもの姿がありました。じっくりと身の回りのモノを見つめる姿に、モノの本質をとらえようとする「観察の目」の育ちを感じた一場面でした。

天井をスクリーンに影絵

家のなかから障子がなくなって影絵遊びができにくくなったと言いましたが、私の友人は、天井をスクリーンにして、夜、眠りにつく前のひととき、子どもと川の字になって影絵遊びを楽しむのだそうです。家具が並んでいたり、カレンダーや絵が飾られていたり、家のなかで影を映して遊ぶのは難しいなとあきらめていた私には、目からウロコでした。

部屋の照明を消して、お母さん、娘のゆうちゃん、お父さん、親子三人で布団に寝転ぶと、影絵の始まりです。お父さんとお母さんは片手にペンライト、片手に紙を切り抜いてつくったクマとイヌをそれぞれ持ち、ゆうちゃんは大好きなウサギの紙人形を持っています。お父さんクマがやってきました。「ウサギさん、あそぼうよ」、ゆうちゃんウサギが「うん、遊ぼう。なにして遊ぶ?」。そこにお母さんイヌが「わたしも入れて」とやってきて、三匹は冒険に行くことになりました。「あのほら穴に入ってみよう」、ゆうちゃんの一言でそこはほら穴になります。そうかと思うと、「さあ、おやつにしましょう。指の間までちゃんと手をあらってね」と急に場面が変わり、しかも、先生がいつも言う言葉らしきセリフに、親たちは思わず笑ってしまうのだそうです。

この親子三人での眠りの前の影絵遊びは、母親である友人にとってもゆうちゃんにとっても、とても幸せなひとときになっているようです。

抽象的だからこそ、なんでもありの世界をつくりだせる影絵。その面白さをぜひ味わってみてください。

第5章　お話——言葉から世界を想像する力

1　遠野の昔話の語り部

柳田国男『遠野物語』（一九一〇年）で有名な岩手県遠野には、「おしら様」や「河童」、「座敷童」に代表される昔話が数多く残り、語り部のおばあさんやおじいさんが何人もいらっしゃいます。そんな語り部のなかには、一〇〇とか二〇〇もの昔話を覚えていらっしゃる方がいて、語りを聞きにきた人たちの年齢や関心のもちようにあわせてどんな昔話がいいかをその場でさっと考え、時間の許す限り、いくつでも語ってくれるのです。あるテレビ番組での語り部のお話がとても印象に残っています。レポーターが「どうしてそんなにたくさんの昔話を覚えることができるのですか」と尋ねると、「覚えているわけではなくて、頭のなかに次から次に絵が見えてきて、それを言葉にしているだけ、それだけのことなんだ。小さなころから何回も何回も聞かせてもらったから、昔話はいつの間にか自分のからだのなかにしみこんでしまっているんだな」と、答えていました。

「むがし、あったずもな」と遠野地方の昔話の発端句で始まった「おしら様」の昔話は、「どーんどはれ」のおしまいの結句まで、岩手の方言で語られました。馬を恋い慕う娘、怒った娘の両親が桑の木に吊るし皮をはいだ痛々しい馬、馬の皮に包まれて空高く昇っていく娘、語り部のおばあさんから発せられた一言一言によって、今ここに昔話の世界がたちあらわれるような気がしました。

「お話」とは、語り手が聞き手と向きあって、生の声で語る活動を言います。そのなかで、活字で書かれているものをすべて覚え、活字を離れて語る「お話」や、昔話など何度も耳で聞いて覚えてしまったものを語る「お話」を「素話」といって、童話など本を手に活字を読んで語る「お話」と区分することもあります。

アメリカの公共図書館で児童図書館活動として広がった素話を「ストーリーテリング」と言い、児童文学者で翻訳家の渡辺茂男さんがアメリカへの留学の後、日本に紹介しました。その後、児童文学作家で東京子ども図書館設立の中心メンバーでもある松岡享子さんが、「お話の会」や「お話講習会」を行い、語り手の育成につとめました。東京子ども図書館が編集する『おはなしのろうそく』は、お話のテキストとして図書館や保育の場、家庭で利用されています。

2　昔話を語りで味わうこと

昔話は、もともと子ども向けの話ではなく、大人同士が語りあってきたもので、ユーモアのある愉快な話もありますが、恐ろしくて怖い話もたくさんあります。そんな怖い話のなかには、妬みや恨みをもってしまう人間の一面や、生きていくなかで避けられない悲しみや苦しみが描かれています。

心理学者の河合隼雄さんは、こうした昔話は人間の成長にとってとても大切なものだと言っています。そして、今の時代、大人たちは怖い残酷な話を避けて子どもたちにしないけれど、そうすると、子どもたちはこんなことをすると人が怖がるとか悲しむといった気持ちがわからないまま成長してしまい、どこかで生きることに困難さを感じると折れてしまうことがあると言っています（河合隼雄『子どもと悪』岩波書店、一九九七年）。

絵本編集者の松居直《ただし》さんは、お母さんが夜寝かしつけるときに語ってくれた「かちかち山」が大好きだったそうです。たぬきがおばあさんを殺してばばあ汁にしてしまう残虐な場面の恐ろしさ、それをおじいさんが知らずに食べてしまう想像を絶した悲しさ。怖くて悲しいけれど、しかしこの話を聞くのが好きだったのは、お母さんが語ってくれ、そのお母さんが傍らにいる安心感があったからだと言います。語り手が一緒にいるということは、残酷さを感じても、それを共通体験としてお互いに思うわけで、「お母さんも知っているんだから」と、子どもだった松居さんは安心して聞けたというのです。そして、大きくなっていろいろな悲しみに出会ったときに、「ああいう悲しい話もあったなあ」とか「これはあれよりもましだなあ」といろいろなことを客観的に感じることができたそうです（二〇〇七年九月二四日放送、ラジオ深夜便　こころの時代「絵本を作って半世紀」での松居直さんのお話より）。

3　昔話絵本の力と限界

幼稚園や保育園、家庭において、「お話」はあまり行われていないようです。学生たちに尋ねてみても、「桃太郎」も「かちかち山」も「したきりすずめ」も、あらゆる昔話は絵本で出会って楽しみ、「お話」として語ってもらったという学生はほとんどいません。

一九六〇年代以降、日本でたくさんの絵本が出版されるようになり、絵本が児童文化財として、保育の現場や家庭において大きな位置を占めるようになりました。あわせて、社会や生活様式が大きく変化した現代においては、子どもに昔話を伝承していくために昔話絵本が担う役割は大きいと思います。「かさじぞう」の〝かさ〟をアンブレラの傘と思ったり、おじいさんが〝しばかり〟に行く〝しば〟は緑の芝生だと思ってしまうのは当然で、子どもはもちろん、お父さんやお母さんだって蓑笠《みのかさ》や雑木の柴など見たこともなく知らないという方が多くなりました。そんな親子に、昔話絵本は昔話の世界をわかりやすく伝え、物語に誘いこみます。

その反面、絵による情報はとても大きな意味をもちます。たとえば、昔話「桃太郎」の絵本のなかには、「こんなかわいらしい幼い男の子が鬼退治に行けたの？」と思うくらい、あどけない桃太郎が描かれている場合があります。その絵本を読んだ子どもは共通して、そのかわいい桃太郎を日本の昔話の桃太郎として記憶に焼きつけることになるでしょう。

一方、「語り」によって昔話を楽しむ場合、桃太郎の歳格好は？、顔つきは？、どんなふうに鬼と戦ったの？などと、登場人物の姿や行為をすべて聞き手が想像しなくてはなりません。子どもたちは、想像力を働かせ、一人ひとり違った桃太郎の世界を創造するでしょう。

昔話絵本では、残虐な場面をどう描くかという難しい問題があります。たとえば、「かちかち山」の絵本のなかには、たぬきが太い棒でおばあさんの頭をなぐった瞬間におばあさんの頭から血が噴き出るところをアップで描いたものや、ばばあ汁を食べるおじいさんの背景の土間におばあさんのものと思われる骨が描かれているものもあります。

「お話」であれば、語り手が子どもにあわせて言葉を選び、また子どもは、一人ひとり自分の今までの直接または間接経験にあわせて、それぞれにお話の場面を想像し絵にしますが、絵本の場合はどの子にも同じ場面を示して見せることになります。昔話の残酷性それ自体は意味のある必要な要素ですが、その場をリアルに視覚的に見せることがよいとはかぎりません。聞き手の想像に頼るということは、聞き手が受けとめられる範囲において自由に理解することを許します。

昔話は、先人の生き方や思いが込められた文化財ですから、自分たちのルーツとして大切に子どもたちにも伝えていきたいものです。昔話絵本の力を借りつつも、口承という本来の形態をとどめた「お話」で昔話を楽しむ機会をつくりたいものです。

4　絵から文字への橋渡し

「お話」では、語られた言葉を耳で聞いて、その世界を自分の頭のなかで絵にする（イメージする）必要があります。私は、絵本を読んでもらう段階から自分で童話・文学の本を読んで楽しめるようになっていく段階への橋渡しとして、「お話」という語りを耳で聞いて楽しむことが、子どもの言葉の力を育てるうえでとても重要な体験だと考えます。

絵本の絵を見ることなく言葉からのみ想像することは、大変能動的な働きです。たとえば、「一匹の小さな白い犬がとぼとぼと歩いてきます。太郎は心配になって、立ち止まってその犬を見つめました」という一文を聞いたとき、今まで見た犬のなかから、あるいは、知っている情報を選んで組みあわせて、このお話にふさわしいであろう一匹の白い犬をイメージします。太郎と犬が出会った場所も、お話の文脈からイメージして描きだします。「語り」を聞いて想像することは、言葉を理解する力を育てます。

「文字を読めるようになること」を重視している親は、子どもが文字を読めるようになったらすぐに子ども自身に本を読ませようとします。ですが、本来、絵本も児童文学も文字の学習のためにあるものではありません。物語を楽しみ、登場人物をとおして様々な感情や体験を共有することで、自分の世界を広げる場です。文字が読めるようになったお子さんにもぜひ「お話」を語ってあげてください。

5　今、ここに、つくりだされる世界

ある幼稚園の五歳児クラスで、先生が『エルマーのぼうけん』（ルース・スタイルス・ガネット：作／ルース・クリスマン・ガネット：絵／渡辺茂男：訳、福音館書店）という幼年童話を、毎日少しずつ「お話」しています。

この童話は、ゆうかんな男の子エルマーが、どうぶつ島《じま》にとらえられているかわいそうなりゅうの子を助けだすお話です。本の見返しには舞台となるみかん島《とう》とどうぶつ島の地図が描かれています。そして、本文には、ほぼ三ページおきに挿絵があります。しかし、先生はお話が一区切りしたところで挿絵を見せることはあっても、基本的に本を読むというスタイルで語っていきます。

「お話」を聞く子どもたちはまるでからだ全体を耳にしてお話を吸収しているようです。宙のどこか一点を見つめたまま固まっている子もいます。きっと、この子は今、頭のなかのスクリーンにお話の世界を映しだしているのでしょう。

「そこには、ねちねちしたはっぱのついた大きなしだが、いっぱいはえていました」と先生が語ると、シダが足元に生えだし茂っていくように感じたのでしょうか、まさし君が三角座りで抱えていた足元を思わずぱっぱっと手で払いのけました。

エルマーが七匹のトラに囲まれたところでは子どもたちは首をすくめ、トラがチューインガムに夢中になったところではほっとした笑みを浮かべました。先生の「お話」によって、今、ここに、世界がつくりだされていきます。子どもたちは、お話の世界に入りこみ、エルマーと一緒に冒険しているのです。

「今日は、ここまで。おしまい」、先生が本を閉じると、子どもたちはお話の世界から日常の世界に引き戻されたような少しぼうっとした表情をしています。友達と目を見あわせて微笑みあっている子どももいます。

『エルマーのぼうけん』表紙

「ほら、これが、エルマーを囲んだ七匹のライオンたちですよ」と、先生は挿絵を子どもたちに見せました。「チューインガム、丸いの、口のなかに入ってる」「みどりのガムは、青りんご」「トラたち、むちゅうだね」「エルマー、この間に逃げるんだよね」。子どもたちは、しばらくおしゃべりを楽しみました。それぞれが自分の頭のなかで描きだしたエルマーの世界を、友達とおしゃべりするなかで共有するのでした。

時々行かせていただく幼稚園でこんなこともありました。

図書館司書の方から教えていただいた絵本『くらーい　くらい　おはなし』（ルース・ブラウン：作・絵／深町真理子：訳、佑学社）を「お話」用に脚色したものを、私が子どもたちに語りました。

「くらーい　くらい　おはなし」
むかしむかし　あるところに、くらーい　くらい　あれちが　ありました。
その　あれちに、くらーい　くらい　もりが　ありました。
もりのなかには、くらーい　くらい　やかた。
やかたの　しょうめんには、くらーい　くらい　ドアが　あります。
ドアのおくには、くらーい　くらい　ひろまが　あって、
そのひろまの　さきには、くらーい　くらい　かいだん。
そのかいだんを　のぼると、くらーい　くらい　ろうかに　でます。
そのろうかの　つきあたりに、くらーい　くらい　カーテンが　さがっています。
そのカーテンの　かげには、くらーい　くらい　へや。
そのへやの　なかには、くらーい　くらい　とだなが　ひとつ。

そのとだなの　なかには、くらーい　くらい　すみっこが　あって、
そのすみっこに、くらーい　くらい　はこが　ひとつ。
（＊絵本では、「そして、そのはこの　なかに……／ねずみが　いっぴき！」で終わりになりますが、最後が、次のように脚色されていました）
そして　そのはこのなかに、くらーい　くらい　かみの　ふくろが　あって。
かみのふくろの　なかに、くらーい　くらい　ぬのの　ふくろが　あって。
そのふくろの　なかには……おばけがいました。

「くらーい　くらい」をゆっくりと繰り返しながらお話を進めていくと、子どもたちは隣の友達とからだをくっつけたり、耳をふさぐようにしたり、からだを丸めたりしながら、怖さと戦っているのが見て取れました。最後に「おば……」と言ったとたん、「わー」と声を上げる子もいて、「おしまい」とお話の終わりを告げると、部屋のなかに「はあー」という大きな息が一斉に広がりました。

これには、後日談があります。数日後、園に行ったときのことです。「くらーい　くらい　おはなし」を聞いた女の子が、友達三人を連れてやってきて、こう言いました。
「この子たちにもあのお話して。一人で聞いても、みんなと聞いてもやっぱり怖いと思うけど。でも、友達と一緒だと怖いけど楽しい」。

怖いけど、楽しい。大好きな大人が「お話」してくれること。そして、大好きな友達と一緒に「お話」を聞くこと。人のぬくもりを感じながら、聞き取った言葉を自分のキャンバスで絵にすること、これが「お話」の魅力なのだとあらためて思いました。

II　子どもがつくる遊び

第6章　お絵かき・工作——発達にあわせたモノづくり

1　初めての絵

六月のある日、保育園の一歳児クラスの子どもたちが、初めてのお絵かきに挑戦しました。「一歳児のなぐりがきを絵というのか?」と言う方もいるかもしれません。でも、たとえなぐりがきであっても、この世のなかに一つの点・一本の線を生みだすことは、その子がこの世に存在した一つの証を残すことと考えて、ここでは「絵」と呼びたいと思います。

床の上にブルーシートを敷き、白い模造紙を広げ貼り付けました。いつもとは違う保育室の様子に、子どもたちは興味津々です。シートの上に座った子どもたちに、先生は「マジックだよ。これで絵を描いて遊ぼうね」と、ホワイトボード用のマジックを見せました。ホワイトボード用のマジックは少し太めで小さい子どもが握りやすく、マジックなので弱い筆圧でもしっかりした濃い筆跡が描けます。口に入れないように気をつけなくてはいけませんが、肌についても濡れたタオルで拭き取ることができます。

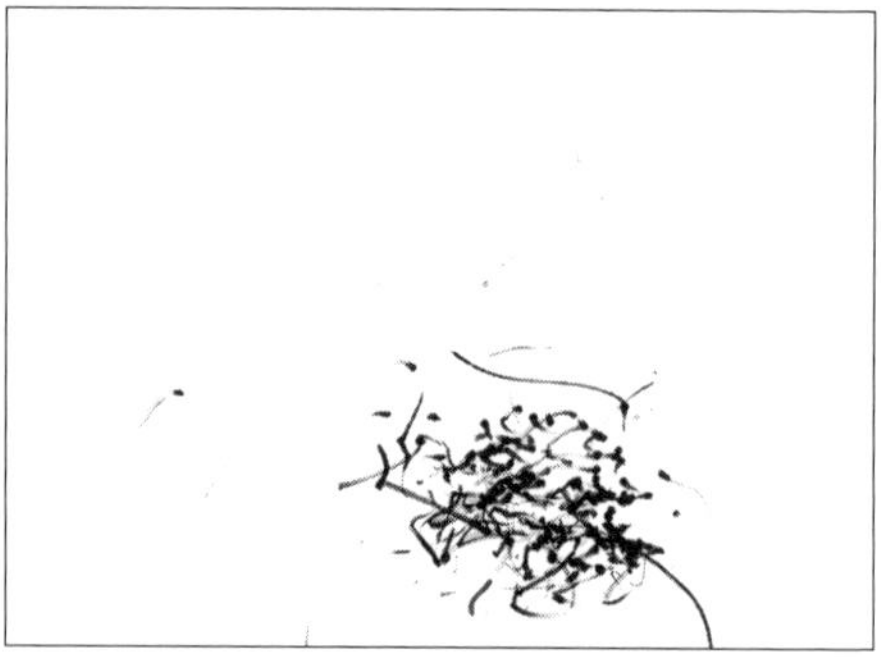
点々と線

先生がマジックで紙に円をぐるっと描きました。先生をじっと見ていた一歳三か月のともちゃんは自分の前に置かれたマジックをつかんで、先生に「はい」というように差しだしました。先生は、「そうか、こんどはこのマジックで描いてみようか」とマジックをともちゃんから受け取ると、別のところにさっきよりも大きな円を描きました。模造紙に円が描かれるのをじっと見ていたともちゃんに、先生は「マジックどうぞ」と渡しました。マジックを手渡されたともちゃんは、しばらく考えるようにマジックを右手に左手にもちかえて見ていましたが、自分が座っている紙にマジックを押し当て腕を開くように動かしました。一本の線が、ともちゃんの初めての絵が模造紙に描かれました。

「描けたねー」先生は微笑んでともちゃんと目をあわせました。慣れてくると、模造紙にマジックを押しつけて点々を描いたり、からだを大きく動かして線を描いてみたりと、ともちゃんはお絵かきを楽しみました。「トントントン、点々がいっぱいできたね」「わー、しゅーってのびたね」。先生は、ともちゃんがマジックで描いた絵とお話ししている気持ちを代弁します。

2　心身の発達と絵

子どもの絵は、運動機能の分化に伴い変わっていきます。肩の関節を軸に腕から手全体をワイパーのように動かして行ったり来たりさせる弧の軌跡から、一歳六か月を過ぎると、肩の関節にあわせ肘の関節が同時に動くようになり、回転するぐるぐる渦巻きの軌跡になります。そして、二歳くらいになると、目と手の動きがあわせられるようになり、線の始まりと線の終わりを重ねて円（まる）が描けるようになります。幼い子どもの絵は手の動きの軌跡であり、からだの発達の鏡とも言われています（ローダ・ケロッグ／深田尚彦：訳『児童画の発達過程――なぐり描きからピクチュアへ』黎明書房、一九九八年）。

二歳を過ぎると、描いた線に意味をもたせようとするようになります。自動車が走るイメージと結びつけて「ぶおーん」と言いながら線を引いて描いたり、偶然できた円や線に「ママ」「ワンワン」などと人や動物として意味づけしたりします。これは、見立てに代表される象徴機能の育ちと結びついています。大人から見るとなぐりがきのようなものですが、その子どもなりの意味があるのだと思って受けとめていく必要があります。

三歳になると、次第に人や家や車など、誰が見てもわかるような絵を描くようになります。大小の円をコントロールして描けるようになった子どもは、大きな円のなかに目鼻口などを表す小さな円をいくつか描いて、そこから手足が出た「頭足人」と言われる形象の人を描くようになり

まるに目と口

弧の軌跡

頭足人

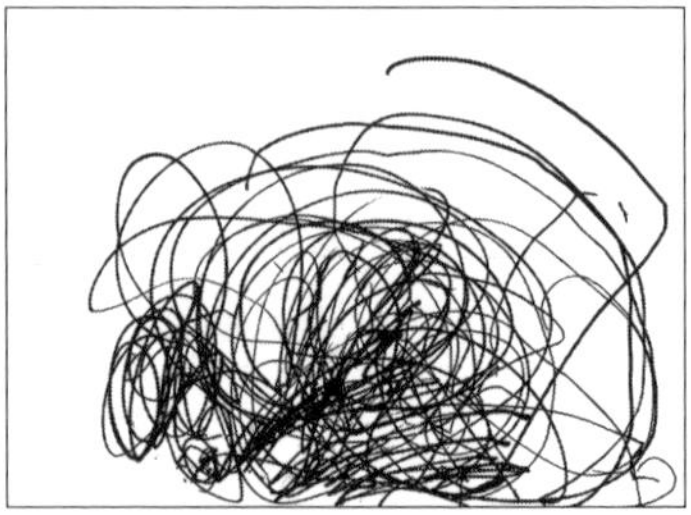

ぐるぐる渦巻き

姫路城にのぼったよ

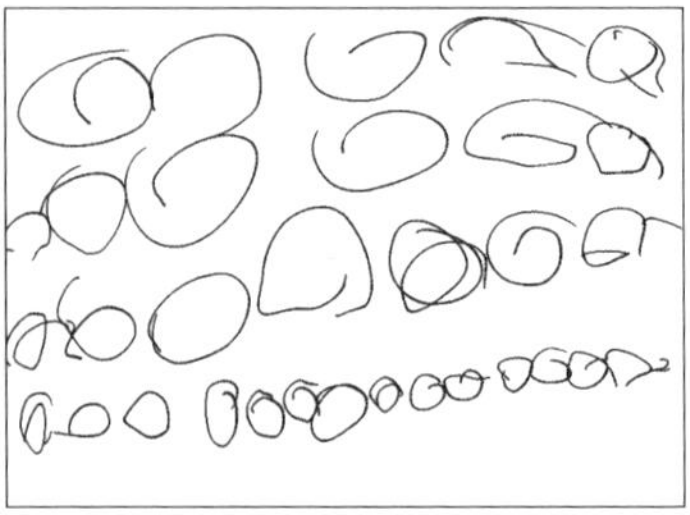

まるまるまる

大文字山に遠足に行ったよ

ます。

四歳ごろになると、言葉のイメージでものごとを見たり考えたりできるようになって、何を描こうか言葉でイメージをつくってから絵を描くようになっていきます。言葉と絵は密接な関係で発達していきますから、生活のなかで様々なものに出会い、五感で感じ、それを言葉にして表す、そんな経験の積み重ねをとおしてイメージは広がっていきます。つまり、一つひとつのものを表そうとしていた子どもの意識は、ことがらを表したいという意識へと展開していきます（磯部錦司『子どもが絵を描くとき』一藝社、二〇〇六年）。

表したい内容が豊富になり、それらを一つの場面として表そうとしたときに出現するのが、地面を表す線・基底線です。一本の線が、真っ白い一枚の紙のなかに上下（天地）、左右を存在させ、そこに空間をつくりだします。先に絵の発達は言葉の発達と深く関わると言いましたが、基底線の現れる五歳ごろには、因果関係や時間軸に沿った解釈ができるようになって、お話を楽しむことができるようになります。基底線が出現する前の、真っ白な紙の上に天地左右関係なく思いつくものを描きだしていたカタログのような絵の段階から、基底線の出現により、地面に人が立ち、草や花が地面から生え、紙の上部には青い空、そこに太陽が光っている、といった「世界」が描きだされるようになるのです。空想して描いた世界だけでなく、電車に乗って遠足に行った絵、芋ほりの絵など自分が体験したことを思いだして描いたりもします。

人の描写も徐々に胴体、手足を分化して描けるようになり、服を着るようにもなっていきます。そして、モノとモノの関係性を見ようとする意識は色にも向かい、形のなかに色を塗ることに興味をもつようになります（同書）。形や色をよく観察して描く模写にも取り組むことができるようになります。

こんな時期の子どもの描画活動で思いだす一つの出来事があります。お母さんの顔を描いていた五歳児クラスの女の子が、すべてをうすだいだい色のクレヨンで塗っていたら、鼻がなくなってしまったと泣きだしてしまったのです。本物らしく描きたい思いが出てきたのですね。

子どもの絵の育ちは、からだの発達、言葉や感性の育ちと密接につながっています。

3　道具を使って工作

身の回りのあらゆるものが工作の材料となります。土や石、木や葉っぱといった自然物。布や毛糸などの手芸用品。画用紙や折り紙、段ボールなどの紙類。そして、ペットボトルや食材の入っていたトレイやストロー、お菓子などの入っていた空き箱。子どもたちは二歳ごろの象徴機能の発達による見立てから、こうしたモノをくっつけたり、切ったりして遊ぶことを楽しむようになります。はじめは、手で触って素材感や特徴を確かめるだけですが、成長に伴って、それを素材に何かをつくる工作が好きになります。工作においては、まずモノへの関心が必要です。その次に、モノを使いこなすよく動く手が必要です。工作遊びにおいては、この二つの育ちが大事でしょう。

手指の発達、目と手の連動をうながす「ぽっとん落とし」

子どもは、八か月くらいになると、手のひらを使って手全体でつまむ状態から、親指と人差し指と中指の三本を使って積み木など小さなものをつまめるようになり、さらに一歳を過ぎると、親指と人差し指の二本の指でつまめるようになります。運動機能が分化してくるこの時期、子どもはまだハサミなどの道具は使えませんが、器用に動かせるようになってきた指を使って、紙を破くことができるようになります。細長く切った新聞紙を子どもに渡すと、左右の親指と人差し指でつまみ、そのまま両側に引っ張って「ビッ」とちぎります。まだ右手と左手を前後にひねることはできません。破れる音や左右にぱっと離れる感覚、ちぎった破片を散らかすことも楽しいのでしょう、何度も同じことを繰り返します。それから、床に散らばった小さな破片を上手につまみ、あげるとでもいうように「はい」と差しだします。

二歳になると、一本一本の指はもっと器用に動くようになり、シールをはがして、ツルツルの台紙に貼るシール絵本は人気のようです。シールを台紙からはがすのは思ったより難しく、台紙を山型にそらしたり、爪でひっかいたりとあれこれ試します。何度も貼りなおして遊ぶことができるので、子どもたちは貼ってははがし、はがしては貼ってを繰り返します。そうするうちに、さらに指先の機能が発達していきます。

三歳近くになるとハサミを使いたがるようになります。刃物ですから、気をつけないといけませんが、三歳ごろになれば言葉の力が育ち、危険性や使い方の注意を理解して自分の行動をコントロールできるようになりますから、ハサミも安心して渡すことができるでしょう。ハサミが使えるようになると、できることがぐんと増えます。

ハサミの持ち手の穴に指をかけ開いたり閉じたりする動作も、最初はとても難しいものです。

初めてハサミを使う三歳児クラスの子どもたちは、連続して「チョキチョキ、チョキチョキ」と切るのは難しいので、「チョキン」の一回切りから取り組みます。幅の狭いテープ状にした折り紙を「チョキン」の一回で切り落とすのです。連続切りができるようになるのは、四歳くらいからです。そして、線に沿ってハサミを進めて切れるようになるのは五歳くらいからでしょう。このときに、「チョキチョキ」とか「チョキン」の擬音を先生や親が傍らで言ってあげると、子どものハサミをもつ手がスムーズに開いたり閉じたりして上手に切れるようになるのだと、ある保育園の先生が、指導の秘技を教えてくれました。言葉の育ちとの関連から考えられた適切な指導だと感心しました。

五、六歳になると、新しい素材・新しい道具との出会いが、工作の活動をより幅広いものにしてくれます。紐を三つ編みにしてロープをつくったり、厚紙に開けた穴にゴム通しを使って紐を通し、刺繍のようにデザインしたり。木片を釘で打ち付けてつなぎとめたりすることも、集中力のある五歳児クラスの子どもたちなら挑戦して楽しめます。釘を目指して金づちを振り下ろすのは、大人でも慣れないとなかなかうまくいきません。長い木の棒や板をのこぎりで切る、それだけの活動も面白いものです。日本ののこぎりは引くときに切れるような歯の向きになっています。軽く前に押し、グイっと力を込めて引く。のこぎりの入った隙間からおがくずが落ち、周囲に木の香りが漂います。三〇分以上、のこぎりで木を切りつづけた子どももいました。

子どもたちは道具を使いこなせるようになることで、大きな自信を感じるようです。「ぼく、のこぎり使えるで」。三〇分かかって木を切り終えた子が、力強い声で宣言しました。

4　偶然の楽しさから表現する喜びへ

いつもは走ったり飛び跳ねたりと、本当によく動き回る二歳のあみちゃんが、じっと集中して絵を描いていました。そっと近づいてみると、「びゅーん」とつぶやきながらサインペンで線を引き、線が紙の端にいくと「どしーん」と言いながらぐるぐる描きをし、「わーっ、どってん」と言って顔を上げ、にっこり笑いました。それから今度は、「アンパンマン」と言いながら、ぐるぐる渦巻きを描いたり線を伸ばしたり、紙の上を縦横無尽にペンを走らせています。描き上げた絵はまさに抽象画のようです。

子どもが絵を描く行為は、そのときそのときの自分の思いをペン先から紙に伝える作業のように見えます。腕や手の動きの軌跡として現れた線の形やそのときにわきおこった感覚が、今までの何かの経験とピッと結びつくようです。からだが動き、心が動く。心が動き、からだが動く。偶然性のなかから生まれる表現以前の「表出」の楽しさを味わうのが、乳幼児期の絵の活動です。

また、ある幼稚園でのことです。秋も深まったある日、園庭にあるカエデやサクラ、園の続きにあるお寺のイチョウなどの樹々が、赤、黄、だいだいときれいに紅葉しました。四歳児クラスの女の子たちが形や色を選んで紅葉した落ち葉を拾い集めてきました。地面にそろえて並べて品評会です。「これ、大きい」「これは赤で、これはだいだい」。

しばらくしてふたたびそこに行ってみると、女の子たちは、葉っぱを使って面白い模様をつくったり、「お花」と言って、いろいろな葉っぱを使って地面の上に絵を描いていました。私は思わず、「わー、面白いこと考えたね。葉っぱの絵、素敵だね」と言葉をかけました。園庭の地面をキャンバスに、小春日和の穏やかな日差しを受けて、色づいた落ち葉が光っています。この場所、この時間でしか表現できない素晴らしい造形作品だと思いました。きっとこの女の子たちは、落ち葉の品評会をやっているなかで、落ち葉をいろいろ並べかえてできる形の面白さに気づいたのでしょう。

自分の周りのものに目が向けられ、「あ、きれい」とか「あ、面白い形」とか、心が動く瞬間が表現活動の始まりです。そう考えると、生活のあらゆる場面にアート活動のきっかけは転がっていますね。

第7章 ごっこ遊び——うそっこの世界に行って帰って

三歳のみーちゃんは、最近、お母さんになって遊ぶ、お家ごっこが大のお気に入りです。誰か一緒に遊んでくれる人を見つけては、お家ごっこが始まります。「みーちゃん、お母さんね。パパは、子ども」。そんなみーちゃんの一言でお家ごっこに突然誘いこまれてしまったお父さんは、「え、パパが子ども⁉」と動揺した様子ですが、そんなことは気にもとめず、お母さんになったみーちゃんは、ままごとのおもちゃを出してきて、さっそくお料理を始めます。切った野菜を鍋に入れると、「ピッ」とコンロのスイッチを押して火をつけました。一段落したのか、みーちゃんはふと我に返ると、「パパ、子どもは、おもちゃで遊んだら」と子ども役のお父さんにアドバイスのような言葉をかけます。「あ、そうだね。じゃ、積み木で遊ぼうかな。……ねえ、お母さん、今日のご飯はなに？」「あのねー、カレー」「ぼくおなかすいた。早くカレー、食べたいな」。大好きなお父さんとのお家ごっこがやっと成立したと感じたのか、みーちゃんは満面の笑みです。

1　見立て遊びからごっこ遊びへ

子どもは一歳前後になると、大人の模倣から、積み木を携帯電話に見立てて操作したり、赤いボールをりんごに見立てて食べる真似をしたり、空のコップで何か飲む真似をしたりと、モノを何か別のあるモノに見立てたり、本当はないけれどあることにしてそのモノを扱う「見立て遊び」を始めます。形や色など二つのモノに共通する要素から両者を結びつけて、ある対象を別の事物で代用するという見立ては、象徴機能が発達することで可能になります。生後一年でママやパパ、まんま（ご飯）やわんわん（犬）、ブーブー（車）などの言葉が出はじめますが、この言葉の獲得と見立ては強く関連しています。実物がここになくても、言葉でそのものを表すことができるようになる、そんな言葉の育ちがあってこそ、見立ては可能になるからです。

そして二歳ごろになると、身近な存在であるお母さんやお父さんなどの真似をするというかたちをとって、自分以外の人になったつもりを楽しむ「つもり遊び」を始めます。おままごとのおもちゃを使ってお料理をつくったり、ぬいぐるみや赤ちゃんの人形を相手にご飯を食べさせてあげたりします。「もぐもぐってよくかんで。おいしい？　いっぱい食べてね」などとつぶやきながら遊んでいる姿を見ると、日頃親や先生といった身近な大人が口にする言葉や行為、ふとしたしぐさまで子どもはよく見ていて、それが再現されていることに驚くことがあるでしょう。保育園で、「プハー、うまい」と言いながら、本当においしそうにビールを飲むふりをしている子どもの姿を見たことがありました。「ああ、あの子のお父さんはこんなふうにビールを楽しみながら夕飯を食べるのね」と、思わず笑ってしまいました。二歳の子どもが三〇代のおじさんの雰囲気を醸しだす、その表現力は見事でした。

観察力にあわせて記憶力も高まり、三歳ごろになると、次第に自分で場面を設定し、それまでに身につけた自分の言葉でその役になって遊ぶことを楽しむ「ごっこ遊び」へと移行していきます。「つもり遊び」は、たとえば自分のお父さんがおいしそうにビールを飲むという、ある特定の人の印象的な一場面をまねて遊ぶのに対し、「ごっこ遊び」は、自分のお父さんを含めたさまざまな情報から〝お父さん〟という役をつくりだし、その〝お父さん〟になって食事をしたり仕事に行ったり買い物をしたりすることで、ごっこの世界をつくりだします。

友達とイメージを共有できるようになった四、五歳になると、役になった者同士の会話が飛び交う、より複雑なごっこ遊びが繰り広げられるようになります。新聞紙を細く丸めた剣をもち探検に出かけた男の子たちの一人が、絵本の部屋で急に「クマが出たぞ、かくれろ！」と叫びました。突然の展開を理解できないのは、それを観察していた私だけで、子どもたちは、その一言でその場を共有していました。「あそこの岩陰」と別の子の指示で、さっと部屋の隅にみんなで身を寄せてクマが通り過ぎるのを待ちました。子どもたちがその場にできた虚構の世界を瞬時に受け入れ、ふるまう姿はまるで即興劇のようでした。子どもの想像力のすごさを感じた一場面でした。

2　うそっこと現実を行ったり来たり

ある幼稚園に見学に行かせてもらったときのことです。

「わたし、お母さん」、この一言で、保育室の片隅はお母さんが料理をするキッチンになり、ごっこ遊びが始まりました。「わたし、お姉さん」「わたしは、妹」と、いつも一緒に遊ぶ仲よし三人組は、それぞれのなりたい役になり、一瞬にしてごっこの世界に入りこみました。お母さんは、お鍋を出してきて、さっそくお料理開始です。お姉さんと妹は、「お散歩に、行ってきまーす」と、二人で出かけていきました。そして、保育室の絵本の棚のところで「絵本、見ようか」と絵本を取りだし、座りこんで読んでいます。それは、まるで本屋さんに立ち寄っているかのようです。その間キッチンでは、お母さんがお玉で鍋をかき混ぜ、「できた」と鍋の火を止めて、お皿を用意しはじめました。

「さあ、これから お家ごっこを始めようね」と開始の言葉があるわけでなく、「今日はこういう筋立てで進めようね」といった打ち合わせがあるわけでもなく、瞬時にして、何かの役になり、その場にごっこ遊びの空間をつくりだす子どもたち。それは、まるで異次元の世界がわきでたような感じがします。三人の世界を邪魔しないように、私は家から少しだけ離れたところに座ってごっこ遊びの様子を眺めていました。

そんな私に、お母さん役の女の子がお皿をもって近づいてきました。「どうぞ、食べてくださーい」と差しだされたお皿の上には、積み木が一つのっています。「これは何だろう？」と思いつつ、私は、ごっこ遊びの世界に入りこまなくてはと、感情たっぷりに「わー、おいしそう。おなかペコペコだったの。いただきます」と、積み木をつまんで口に近づけ、食べるふりをしようとしました。そのときです。「それ、うそっこだからね」と、その女の子が言ったのです。「えっ？」と意表をつかれました。この子は今ごっこ遊びの世界にどっぷり入っていると思っていたからです。私はどの程度演技したらいいのかと戸惑いながら、口元に積み木をもっていき、「もぐもぐ、ごっくん」とそれを料理に見立てて食べるふりをし、「おいしかった。ごちそうさまでした」と、女の子に積み木ののったままの食べ終わったお皿を返しました。その子は、うれしそうな顔でそれを受け取り、保育室の片隅に戻って、また忙しく料理を続けました。

すっかりうそっこの世界に入りこんでいるように見える子どもたちですが、実は、ごっこの世界は自分たちがつくっているということをしっかり認識し、現実の世界とごっこの世界を、行ったり来たりしながら遊んでいるのです。保育の専門家である今井和子さんは、五歳後半ごろになると子どもは自己のなかにもう一人の自己を住まわせるようになり、自分自身の行為を他者の目で対象化してとらえることができるようになると述べています。つまり、ごっこの筋立てが計画どおりに進行していくかをモニターすることができるようになり、筋立てがおかしくなりそうだと、さっと現実の世界に戻り、一緒に遊んでいる仲間に注意喚起をうながしたり、異議申し立てをするというのです（今井和子『なぜ ごっこ遊び？——幼児の自己世界のめばえとイメージの育ち』フレーベル館、一九九二年)。こうした育ちによって、五、六歳の子どもたちは、より長い先までを見通した筋を考え、そのなかで自分は何をしたいかという考えをもってごっこ遊びの世界をつくりだし、遊びこむのです。

さて、しばらくすると、散歩に出かけていたお姉さんと妹が帰ってきました。スーパーで買ったという、ケーキといちごがお土産です。「お母さん、おやつにしよう」という二人の子どもに、お母さんは「じゃ、ご飯の前だから、いちごだけ」と、まるで自分のお母さんがいつも口にしているようなことを言って、子どもたちと一緒におやつの用意を始めました。

3　不可能を可能にする

大人から見ると、子どもは毎日好きな遊びに興じ、何の苦労も感じずに過ごしているかのように思えます。あんな子ども時代に戻りたいと感じることもあるでしょう。しかし、子どもたちにとっては、子どもであることは決してうれしいことばかりではありません。子どもは、「もっと大きくなりたい」「もっと強くなりたい」「いろいろなことができるようになりたい」と常に強く願っている人たちです。「小さいからまだできないわね」とか、「子どもには無理。危ないからお父さんがやってあげる」とか、「そうじゃなくて、こうするのよ」などと、やってみたいけれど止められたり、一生懸命子どもなりに考えてやっていることを否定されたりすることが多々あります。

子どもたちは、「こうしたい」とか「こうなりたい」という思いを、生活のなかで常々感じ早く大きくなりたいと思っています。その具体的な姿として、身近なお父さんやお母さん、先生などにあこがれ、つもり遊びやごっこ遊びをとおして、その人たちを真似してみるのです。そして、生活の場が広がるのにあわせて、様々な人の存在を知り、あこがれの対象は、電車の運転手さん、ケーキ屋さん、家族で行った水族館のイルカの調教師など、広がりを見せます。さらに、実在する人物だけではなく、絵本やテレビ番組で出会ったプリンセスや忍者にも関心が向けられます。

想像によってつくられるごっこ遊びの世界では、子どもたちは自分がなりたいと思うもの何にでもなることができます。現実や非現実、できる・できないといった境界や制限も簡単に乗りこえることができます。子どもたちは、他者の世界を取りこみ、模倣し、想像の世界で遊ぶことによって、不可能を可能にする喜びを感じ、自らの可能性の萌芽を育てていきます。

ごっこ遊びは、子どもの自立的な姿勢や、願望の実現に向けて自らをコントロールしようとする自律的な態度をうながします（八木紘一郎編『ごっこ遊びの探究——生活保育の創造をめざして』新読書社、一九九二年）。ごっこ遊びにおいては、子ども自身が、たとえば、ここは水族館とかケーキ店と設定し、わたしはイルカの調教師だとかケーキ屋さんだとか決め、何をするかも子ども自身が考え、実現したい世界をつくりだしていきます。まさに、子どもの自立的な活動と言えるでしょう。

4　他者の立場になってみる経験

自分ではない別のものになって遊ぶ子どもたちは、日常生活のなかで周りの人や状況を実によく観察しています。四、五歳になると、場や関係性によって使われる言葉が違うことにも気づいて、それをごっこ遊びのなかで再現する様子が見られます。レストランごっこの様子を見てみましょう。

店員：いらっしゃいませー。何名さまですか？
客　：三名です。
店員：こちらへどうぞ。お子さまイスもございます。
客　：じゃあ、お子さまイス、お願いします。
店員：はい、わかりました。これ、どうぞ。
客　：ありがとうございます。
店員：メニューはこちらです。今日のおすすめは鶏の蒸し焼きです。お子さまメニューもございます。決まったら、ピンポン押してください。
（ピンポーン）
客　：鶏の蒸し焼きときつねうどん定食とお子さまランチください。

店員：はい、わかりましたー。（厨房に向かって）鶏の蒸し焼きいっちょう、きつねうどん定食いっちょう、お子さまランチいっちょう！（客に向きなおって）お子さまランチにはプレゼントがつきます。（おもちゃが入った箱をもってきて）ここから好きなのを取ってください。

家族でレストランに行ったときの記憶がもとになってレストランごっこの世界がつくられています。レストランの様子をよく観察し、店員さんの言葉が、家でお父さんやお母さんが使っている言葉とは違うことにも気づき、それをごっこ遊びのなかで使いこなしています。「です」「ます」などの丁寧語は、子どもが日常生活のなかで使うのはごく稀です。「ございます」にいたっては、絵本に出てくるのを耳にすることはあっても、自身で言うことはまずないでしょう。

ごっこ遊びのつくられた世界のなかで自分ではない役になってみることで、場や関係性においてふさわしい言葉があり、その役・立場の人ならではの言葉や言葉づかいがあることを認識します。なぜこの場でこうした言葉を使うのか、そこにどんな心配りが含まれているのかまで理解するのは難しいでしょうが、人と人とが丁寧に接しあう、公の場のルールにふれる機会にはちがいありません。お子様イスを用意したり、お料理を丁寧に運んだりすることで、レストランが料理とともにサービスを提供する場であることや、店員はそのために働いていることも理解するようになります。こうして、自分以外のものになってみる経験は、自分の目線を離れて、他者の立場やその人の考え・感じ方があることに気づくことにもなります。

病院が嫌いな子どもでも、お医者さんごっこは大好きです。「風邪ですね。注射しましょう」と、自分は大の苦手の注射をどんどん施します。一方、患者さんは、怖い注射も苦い薬も甘んじて受け入れます。お医者さんは病気やケガを治すために最善を尽くし、患者は治るために多少の苦をがまんするのです。「注射がんばって、えらいね。シールあげます」というお医者さんのセリフは、自分自身にも向けられているのかもしれません。役割を替えることで、自らを俯瞰し客観的にとらえることができるのです。

第8章 感触遊び——からだでモノをとらえる

三月に入ると、日差しが一気に春めいてきます。三月六日ごろは、二十四節気の一つ啓蟄《けいちつ》です。啓蟄とは、冬ごもりで土のなかにいた虫たちが、地表に這い出てくるという意味で、春の訪れが感じられるようになった時期の到来を表しています。

幼稚園では啓蟄のころになると、子どもたちが一気に園庭に出て遊びはじめます。ある園長先生いわく、「本当に、啓蟄そのものね。虫が這い出るように子どもたちが庭に出て遊びはじめる。少々肌寒くても、子どもたちはもう待っていられないという感じで、土や砂を掘って遊びはじめるのよ」。春の訪れとともに始まる砂遊び・泥遊びは、秋まで延々と繰り広げられます。子どもたちは、砂や土そして水が大好きです。

1 砂場遊び

四月に入園した三歳の子どもたちは、六月ごろになると幼稚園での生活にずいぶん慣れてきます。園庭も自分の遊び場と感じられるようになったのでしょう、安心して飛びだしていき、好きな遊具を取りだして活発に遊びはじめます。

ある日の遊び風景を見てみましょう。

三歳児クラスのなつきちゃんは、バケツのなかに砂と水を入れて、手で混ぜています。水の気持ちよさや砂のつぶつぶ感、そして、砂のついた手を水に入れると砂が取れてきれいになる変化が面白いようです。ぐるぐるかき混ぜてはバケツの底の砂をつまみ上げ、砂の付いた手を水に沈め、また手を上げる。こんなことを飽きずに何度も繰り返しています。

その横では、同じクラスのしんや君とのぞみちゃんが、掘った土をバケツに入れて水を加えました。土はたっぷりの水を含み、泥の状態でバケツからやや盛り上がっています。二人は、そっと泥の表面に手を置き、プルプルッとした弾力性を感じ、「おー」と目を丸くして一緒に笑いました。泥の表面に手をくっつけて外してを繰り返すたびに、「ペチャ　ペチャ」と音が鳴ります。「音がする！」。視覚と触覚と聴覚を刺激する三つの「快」がそろったうえに、それを共有できる友達がいることで、二人の喜びは最高潮に達しました。

身の回りのモノにふれて、五感を働かせ、試しながらそのモノの実態を知っていくこと、これが幼児の遊びの始まりです。こうした遊び体験によって、子どもは言葉を獲得し、それを使いこなす自己を確立していきます。体験をとおして砂の感触や特性を知った子どもが獲得する「砂」という言葉には、砂の実体が込められています。辞書の意味を覚えることがその言葉を理解する

砂場で汽車ぽっぽ

ことではありません。五感を働かせ獲得した言葉こそが、自分を表せる言葉なのです。成長し、ある程度の経験を重ねると、それまでの経験から推測して考える力が身についていきますが、幼児期においては実体験をとおしてモノを知り、感じ、考え、言葉を獲得し、自己形成の基礎をつくっていきます。

　手で十分に砂の感触を楽しむ段階を経た子どもたちは、次に手や道具を使って、砂を掘ったり、丸めたり、固めたり、ふるいでふるったり、カップで型抜きをしたり、バケツに入れて運んだりしながら遊ぶようになります。こうした遊びをとおし、子どもの手指の巧緻性や筋力の発達、全身のバランスを保つ調整力などの育ちがうながされます。砂で団子をつくるには、つぶさないように力を加減し、丸くなるよう手の形を考えなければなりません。スコップで穴を掘ったり、ふるいでサラサラの砂をつくったり、カップで型抜きをするためには、肩・肘・手首などの関節をスムーズに連動させなくてはなりません。重たいバケツを片方の手にもって歩くには、からだのバランスをとる安定した足腰が必要です。手や指の器用さという微細運動とからだ全体の運動となる粗大運動は、幼児期においてはスポーツ・体育をとおしてではなく、砂遊びなど様々な遊びのなかでうながされます。

2　粘土遊び

多くの幼稚園や保育園において、粘土はかねてより保育教材として保育活動に取り入れられてきました。子どもが大好きな粘土遊びは、子どもにとってどんな魅力があり、子どもたちにどのような力の育ちをうながすのでしょうか。

一、二歳では、安全性に配慮して口に入れても大丈夫という、小麦粉と塩、サラダ油、水を混ぜて手作りもできる小麦粉粘土が安心して遊べます。つかんだときのヒヤッとする冷たい感じや、パン生地独特のふわふわとした感触が快く、ずっと触っていたくなります。そんな安心感は子どもをひきつけます。握ると手のひらのなかでむぎゅとつぶれ、机に置いたかたまりに指を突き刺すと穴が開く。たたいたり、ちぎったり、つぶしたり、自分の働きかけに応じて自在に形を変える粘土は、子どもが自分とモノとの関係を認識するとともに、この世界にある自分の存在についての感じる経験を与えてくれます。つまり、「この粘土をつぶしたわたし」「この粘土に穴を開けたわたし」という自己の存在への認識が明確化されるのです。

三歳くらいになると力加減を調整できるようになり、指先も器用に動くようになってきて、丸めてお団子をつくったり、ヘビのような紐状のものをつくったりできるようになります。そしてそれらを並べてみたり、くっつけてみたり、ぐるぐる渦巻き状に丸めてみたりと遊びを展開するようにもなります。毎日繰り返し粘土で遊ぶ子には、小麦粉粘土のように乾いて固まってしまうものではなく、油粘土のようなものがいいでしょう。

大きい団子に小さい団子、細いヘビに太いヘビ、短いヘビに長いヘビ。いろいろな形状のものを繰り返しつくるなかで、大小や長さといった概念に気がついていきます。さらに、団子を並べたり、積み重ねたりすれば、数や高さといった概念にも気づいていくでしょう。

四歳ごろになると、イメージしたものを形づくることが楽しくなってきます。幼稚園で、お父さんやお母さんの顔を粘土でつくったときのことです。子どもたちは、粘土板に平らに伸ばした円盤状の〝顔〟に目や鼻や口を貼り付けたり、粘土ベラで目を描いたりと、ダイナミックに制作していました。作品展に並んだお父さんやお母さんの顔には、押したり伸ばしたりくっつけたりした子どもの指の跡が生々しく残り、子どもからわき出たエネルギーが感じられました。

また、保育者の援助を受けながら、お店屋さんごっこの商品をつくって、自分たちの遊びに使うような様子も見られます。紙粘土でつくったクッキーは乾いた段階で彩色をすると、本物そっくりにできあがります。美しいペンダントができたことでペンダント屋さんごっこが新たに始まることもあります。自分でつくったおもちゃで遊ぶことで、子どもの充実感はいつも以上に大きなものになります。

五歳ごろになると、イメージしたものをかなり本物に近い形で三次元の立体に表すことができるようになります。『対話的保育カリキュラム〈上〉理論と構造』（加藤繁美、ひとなる書房、二〇〇七年）では、保育園五歳児クラスの実践が記録されています。保育者が夏休み中にアフリカのサバンナを旅し、野生の動物たちの写真を撮影しました。その写真をきっかけに、子どもたちがサバンナに暮らす動物たちに関心をもち、図鑑などで調べたりしながら、保育室に見事なサバンナの一風景をつくりだしました。本に掲載された写真には、紙や木などでつくったサバンナの草や樹や水飲み場に、粘土でつくったライオンやゾウやヌーやシマウマたちが並んでいます。サバンナという一つの世界のイメージを子どもたち全員が共有し、みんなでそれをつくりだそうと取り組んだ姿に感動しました。

可塑性をもつ粘土は、このように、一歳という小さな子どもから、発達の段階にあわせてそれぞれの年齢の子どもたちが遊びこむことのできる保育教材です。こうした遊びをとおして、感覚機能や手指の運動機能の発達が促進されるとともに、イメージしたものをつくりあげる創造性、試しながら工夫する思考力や集中力といった、様々な育ちがうながされます。

3　水遊び

はじめにあげた砂場遊びにも水はつきものですが、全身で水を感じることのできるプールでの水遊びは、子どもにとって格別です。

一・二歳児クラスの子どもたちも、小さなビニールプールに少しだけ水をためてパンツ一つで入ります。青い空と輝く太陽のもと、冷たい水につかるのは気持ちいいものです。水面を手でたたけば、ピチャピチャはじける音がして水が跳ね上がります。キャッキャとはしゃぐ子どもたち。カップで水をすくってはこぼしたり、アヒルや舟などのおもちゃを浮かべて楽しんだりしながら、子どもたちは水に親しんでいきます。

年齢が上がるにつれ、プールの水の量をだんだん増やし、三歳くらいでは子どもの膝くらいの深さにしてワニさん歩きをしたり、四歳くらいでは腰より上くらいの深さにしてみんなでプールに渦巻きをつくって水の流れや抵抗感をからだ全体で感じて楽しみます。五歳くらいになるとお腹の上くらいの深さにして、水に顔をつけて水中に落としたゴムボールを拾う宝探しをします。水に浮かぶことができる子どもも出てきます。

プール遊びは、浮力を使ってバランスをとる感覚を育て、全身の運動機能の発達をうながします。

4　身近なモノ遊び

子どもたちは生まれながらにして、自分の周りの世界に関心をもち、関わろうとする主体性をもっています。音のする方に耳を傾け、光のさす方に目を向け、ミルクの匂いをかぎ分けておっぱいを吸います。

大人がすでにわかりきって何の興味もわかないものも、子どもにとっては未知のものです。そう考えれば、生活のいろいろな場面に遊びの材料があることに気づきます。

新聞紙をクシャクシャビリビリ

新聞紙は文字の読めない子どもにとっては情報を伝えるメディアではなく、身近にある「紙」の一つです。広げてみれば寝転がれるほど大きいけれど、薄くて簡単に折りたためてしまえるもの。破るとビリッ、丸めるとクシャクシャクシャ、手にもって振るとバサバサと、いろんな音がするもの。ちょっとへんな臭いがするもの。視覚、聴覚、触覚、嗅覚を総動員して、「紙」を味わいつくし、その特性を確かめ発見するのです。これも遊びです。

秋になると、家の庭や公園の樹々の下にはたくさんの枯葉が落ち、風が吹くたびにガサガサーっと音をたてて舞い飛びます。落ち葉を手に取るとカサカサと乾

銀杏のじゅうたんふわふわ

いた感触で、なかには握るとはかなく粉々に崩れてしまうものもあります。落ち葉という言葉に、もの哀しさを感じ取ることができるのは、幼いときからのこうした五感でとらえた経験が言葉の背景にあるからでしょう。

シャボン玉は勢いよく吹いては形になりません。やさしく、そっと息を吹くことによって、大きく膨らみきれいな球体になります。光を浴びて虹色に輝く美しさ、風にふんわり飛ばされる軽やかさ、パッとはじけて割れてしまうはかなさ。子どもたちは、大人の何十倍もの集中力と研ぎ澄まされた感覚で、世界を見てとらえています。

子どもがモノに向きあっている時間を大切に見守り、大人も一緒に五感をつかって感じたいものです。そして、そこで見たこと、感じたことに、言葉を結びつけてあげること、これが大人にできる大切なことではないでしょうか。

第9章 運動遊び——自分のからだをコントロールする

休日の公園は、戸外でのびのびと子どもを遊ばせたいと願う親子連れでにぎわいます。京都市の北に位置する宝が池公園子どもの楽園は、広い園内に多数の遊具が設置されています。幼児向けの黄・赤・青の原色の色遣いが目を引く滑り台や橋が合体した大型複合遊具や、バネの揺れを感じながら乗って遊ぶ動物をデザインしたポッピング遊具。小学生向けの高さが四メートルほどあるツリー型のロープ製ジャングルジムや、仰向けに寝転んでも乗れる円盤型の大きなブランコ。

二歳くらいの子どもが、滑り台で遊んでいました。階段を登って、大人の背よりもずっと高いところに立ったときの誇らしげな顔。斜面を滑り降りるときの爽快な表情。何度も階段を登っては滑るを繰り返しています。手すりをつかみながら一段ずつ階段を上がっていくからだつきにはまだ赤ちゃんぽさがありますが、腕や足に筋肉が付いてぐっと力が入っているのが感じられます。滑る快を求めて登る行為が自然に子どもの足腰を鍛えます。

ロープが複雑に組まれたツリー型のジャングルジムでは、小学四年生くらいの男の子たちがまるでスパイダーマンのようにしなやかに手足四本を巧妙に動かしててっぺんを目指して登っていきます。張り巡らされたロープは人の重みで揺れますが、子どもたちにはそれがたまらないようです。慣れてくるとわざと揺らしては、友達同士で歓声を上げています。

1　発達と運動能力

幼児期は、生涯にわたって必要な運動の基となる動きを幅広く獲得するとても大切な時期です。文部科学省が二〇一二年に策定した「幼児期運動指針」によれば、幼児期に獲得する運動には「動きの多様化」と「動きの洗練化」の二つの方向があるとし、次のように説明されています。

「動きの多様化」とは、年齢とともに獲得する動きが増大することである。幼児期において獲得しておきたい基本的な動きには、立つ、座る、寝ころぶ、起きる、回る、転がる、渡る、ぶら下がるなどの「体のバランスをとる動き」、歩く、走る、はねる、跳ぶ、登る、下りる、這（は）う、よける、すべるなどの「体を移動する動き」、持つ、運ぶ、投げる、捕る、転がす、蹴る、積む、こぐ、掘る、押す、引くなどの「用具などを操作する動き」が挙げられる。通常、これらは、体を動かす遊びや生活経験などを通して、易しい動きから難しい動きへ、一つの動きから類似した動きへと、多様な動きを獲得していくことになる。

「動きの洗練化」とは、年齢とともに基本的な動きの運動の仕方（動作様式）がうまくなっていくことである。幼児期の初期（三歳から四歳ごろ）では、動きに「力み」や「ぎこちなさ」が見られるが、適切な運動経験を積むことによって、年齢とともに無駄な動きや過剰な動きが減少して動きが滑らかになり、目的に合った合理的な動きができるようになる。

（文部科学省「幼児期運動指針」二〇一二年）

生理的早産と言われる人間の子どもは、生後一〇か月から一二か月になると伝い歩きができるようになり、一二か月から一八か月になってようやく二足歩行の一人歩きができるようになります。これは、子どもにとって大きな変化です。地面に垂直に立つことによって、左右・前後・上下の三次元の世界を認識します。両手が自由に使えるようになり、様々なモノにふれてそれが何かを知り、使いこなすことができるようになります。そして、歩き回れることは、自分の意思で主体的に行動することを可能にします。さらに、立つことで咽頭にスペースができ、発声し言葉を自由に操ることができるようになります。

つまり、立って歩くことは人間の進化の鍵といわれていますが、子どもの発達にとってとても重要なポイントなのです。一歳は、まだまだ周囲の大人に頼らざるをえないことは多いものの、自分で動き、自分で考える、一人の個としての存在を発揮するようになるのです。

二歳くらいになると、走る、跳ぶなどの基本的な運動機能が向上して、自分の思うようにからだを動かすことができるようになっていきます。両足でその場でぴょんぴょん跳ぶことや、自分でボールを蹴ったり、音楽にあわせてからだを動かすことを楽しむようになります。

三歳を過ぎると、自分のからだを自分でコントロールして動かす機能が育ってきます。一、二歳では自分でバランスをとることができず怖がって乗ることができなかったブランコも、腹筋や背筋、足や腕など全身の筋肉が付き平衡感覚が保てるようになると、一人で乗れるようになります。

四、五歳になると、実にしなやかにからだが動くようになってきます。鬼ごっこをしている子どもたちは、鬼が正面から来たと思ったら、からだをくねらせて急激なターンで鬼をかわし走り去ります。ドッジボールの内野で逃げる子どもたちは、敵に背中を見せないよう、ボールの移動にあわせて四角のコートのなかを軽やかに動き回ります。五、六歳になると、肩を大きく回してボールを投げたり、飛んできたボールを上手に受け取れるようになります。こうした子どもたちの俊敏な動きは、「弾む」という言葉がぴったりです。

2　遊びと運動

このような、「運動の多様化」と「運動の洗練化」は楽しい遊びをとおしてうながされます。たとえば、伝承遊びの鬼ごっこ。〝鬼〟が〝子〟を追いかけ捕まえるという基本形から氷鬼・色鬼・高鬼、集団で動くことが面白い手つなぎ鬼などたくさんの種類があります。鬼を二人、三人と複数にしたり、一〇数えたら氷が溶けるとか、鬼のタッチを防ぐバリアが三回使えるとか、遊びのルールもそのつど変えて、自分たちにあった遊び方を楽しみます。追いかけたり逃げたりと、走り回って遊ぶのは心身を解放します。鬼の役になって追いかけるのも、鬼から逃げるのもスリルに満ちています。

〝子〟が逃げきるためには、〝鬼〟の位置や周りの〝子〟の様子を常に把握しておくことが必要です。〝子〟は「鬼が来たらどちらに逃げようか。他の子たちがたくさんいる方に行って鬼の目をくらませよう」と考えたり、一方、〝鬼〟は「こっちの子をねらうふりをして近づいて、逆の方にいる子を追いかけよう」と考えたりと、互いに戦略を練ります。そして、その場の状況を瞬時に判断して戦略に変更を加えつつ、俊敏にからだを動かします。子どもたちは、鬼ごっこを本気で遊びこむなかで、基礎体力や持続力、さらには瞬発力や敏捷性を育んでいきます。

また、モノの動きにあわせるボール遊びや縄跳びなどは、モノを使いこなす調整力を育てます。子どもが初めてまりつきをやってみると、跳ね上がってきたボールを押し返すことができずに、ボールを無雑作にバタバタとたたくようなことになってしまいます。ボールの動きにあわせ手のひらで弾んだボールを受けとめ、押し返すという、ピストンのような動きは複雑なのです。

そんなとき、「みんなもボールになって、ボールと同じように跳ねてみようか」とボールのまねっこで遊んでみます。ボールが床から跳ね上がるときに子どもたちもジャンプします。だんだん跳ね上がりが小さくなって「トーン、トン、トントトトン」と止まると、子どももボールのように小さく丸くなります。こうすると、からだでモノの動きを感じることができます。何かにあわせてからだを動かすということは、自分のからだをコントロールして自分の思いのまま動かせるということです。

五、六歳になると、目と脳とからだの連動がかなりスムーズに機能するようになって、モノを使いこなして遊ぶことがうまくできるようになってきます。縄跳びも、目に見えて上手になります。一週間前に幼稚園に行ったときには、縄を回し、前に回ってきた足元の縄をぴょんと跳びこし、また縄を回すといった具合で、コマ送りのような縄跳びをしていた五歳の男の子が、翌週には、リズミカルに一〇回も続けて跳ぶ驚異的な進歩をしていることもありました。

3　運動がもたらす達成感

四、五歳くらいになると、からだの各部位の筋力が付くのとあわせ、からだの動きを総合的にコントロールして、からだの各部分や用具を巧みに動かして運動する調整力が身についてきます。鉄棒や雲梯《うんてい》、竹馬、縄跳びを遊びのなかに取り入れ、四月からの取り組みの成果を秋の運動会で披露する保育園もあります。

五歳の子どもがいる知人から、運動会を終えての次のようなメールをいただきました。

四・五歳児クラスでは棒登りと雲梯に取り組みます。それまでとは違って、「できる／できない」がハッキリします。すぐにできるチーム、すぐにはできないけれど練習するチーム、できないから練習しないチームに分かれたそうです。できないけれど練習するチームにいたうちの子は、運動会までにひととおりの技ができるようになりました。練習しないチームは、先生が根気よく働きかけ、できる子の様子を観察させたり、それぞれの目標を細かく設定したりして、当日は、たとえば棒にしがみついて五秒がんばる、雲梯にぶらさがってゆらゆらする、雲梯の短い方を進む、など、その子が今できることを精一杯やれるように演出しておられました。

「できる／できない」が明確になることが問題なのではなく、それを優劣と結びつけることが問題なのですね。保育園は月齢による成長の差が大きいので、自然と、それぞれの段階のベストを尽くすことが大切という尺度が定着していて、気持ちがよいです。

竹馬、慎重に一歩一歩

棒登りや雲梯、竹馬などは、がんばることでできるようになる遊びで、ごっこ遊びなどでは味わえない達成感を得ることができます。

できないからと練習しない子どもたちも、心の底は「できるようになりたい」という思いでいっぱいなのです。保育者は、一人ひとりにあった今よりちょっと上の目標を、段階的に設定し関わります。子どもは目標への挑戦とそれの達成によって得られる喜びを繰り返しながら、できることを増やし成長していきます。棒登りや雲梯に毎日挑む子どもの手のひらにできた「まめ」のあとは、がんばりの証です。

運動会など普段とは違うハレの日の行事があることは、子どものがんばりを生むきっかけになります。「この日までに」という期限が設定されるからです。自分で目標を決めて、それに向かってがんばれること。それこそが、主体的に生きていく力ではないでしょうか。

運動遊びは、単に運動能力を伸ばすだけでなく、子どものからだも心も丸ごと育てます。

4　生活のなかに運動を

現代社会は、生活が便利になったことで、大人も子どもも歩くことをはじめとしたからだを動かす機会が大きく減少しています。自然環境に恵まれた地方に住む人たちの方が戸外でからだを動かしているかと思いきや、大人は一人一台車を有し、出かけるときはドアtoドアの車移動が日常化しています。実際、私は長野から京都に移り住み、田舎暮らしに比べ都会暮らしの方がよく歩くと実感しました。とはいうものの、エレベーターやエスカレーターがあればついつい乗ってしまいます。また、洗濯や掃除、調理などの家事全般においても、電化製品の普及により多くの運動量は必要としなくなりました。

子どもの遊びを通した運動量も減少しています。子どもの遊びを阻害する要因がたくさんあるからです。少子化により近隣に遊び仲間がいない、塾通いが忙しくて友達と遊ぶ時間がない、近所に安心して遊べる場所がない、子どもだけでの外出ができないなど、遊ぶ仲間・遊ぶ時間・遊ぶ空間の三つの「間」の欠如により、今、子どもたちはからだを思いきり動かして遊ぶことができない状況に追いこまれています。

幼児期の子どもたちは、遊びや生活をとおしてからだを動かすことで、健康的なからだと心をつくり、社会性を育み、認知的能力を発達させていきます。ですから、そうした機会をなるべく確保してあげたいものです。そのために、大人ができることは何でしょう。

たとえば、大人も、子どもと一緒に、生活のなかでからだを動かすことを意識してみてはどうでしょう。あえて階段を選んで「一・二・三……」と段を数えながら上ったり下りたり、ひと駅ぶん歩いて道端に咲いている草や花を楽しんだり、砂利道や坂道など変化のある場所を散歩したり。子どもにも小さな手提げかばんを渡して買い物を手伝ってもらったり、拭き掃除を手伝ってもらうのだって、運動になります。

大人が遊び心をもって、日常生活の小さな行動を子どもたちと共有できたらいいですね。

第10章 ゲーム――ルールを理解する

「数字が理解できるようになったので、親子三人でこのところ毎晩、ばばぬきをしているんです」。四歳の男の子をもつお母さんから、最近始まったトランプ遊びのお話を伺いました。小さな手でたくさんのカードを扇形に広げてもつ息子さんの姿が目に浮かびました。「それは楽しいですね」と応えると、「ええ。でも、息子は負けるとすぐに泣いて、ぐずるんです。「ゲームだから勝ち負けがあるのは仕方がないのよ。いつも勝ってばかりだったらおもしろくないでしょ」って、言いきかせているんですけど」。

四歳前後になると、子どもたちは競争に興味をもちはじめます。性格にもよるようですが、日常の様々な場面で「一番」にこだわる姿が見られることもあります。たとえば、先生が何か配ってくれるときに一番に並ぶとか、給食を一番に食べ終わるとか。そんなころ、ルールのある遊びやゲームが楽しめるようになってきます。勝負を経験するなかで、勝ったときの喜び、負けたときのくやしい気持ちを知るわけですが、勝負自体の経験が少ないと、ゲームはその場限りの遊びと認識して次また挑戦すればいいということが受け入れられず、かんしゃくを起こしたりします。

これは、多くの子どもが通る育ちの一過程と言えるでしょう。

ばばを抜きませんようにと差しだされたカードのなかから一枚を引き抜くときの緊張感、手もとにあるのと同じ数字のカードがなかなか回ってこない焦り、「どうか、ばばを引いて！」の念力が通じて（？）隣の人がばばを引き抜いてくれたときの喜び。そんな、はらはらドキドキの末にたどり着く勝利は格別です。大人はばばが回ってきてもポーカーフェイスを装いうまく隣の人にばばを抜かせたりしますが、子どもは一喜一憂が顔に出て、子どものところにばばが行ったのが手に取るようにわかったりします。

1　外にある基準に気づく

四、五歳児がゲームの勝負にこだわって、「ぼくが、勝たなくちゃだめ！」とか「今のゲームは、なし！」とか、負けそうになると「やめた！」とどこかに行ってしまうという話はしばしば耳にします。勝負のルールを理解できるようになることは、発達の一つの姿です。

三歳児には、その真意はまだわかりません。年少の子どもたちが赤チームと白チームに分かれて、ボール運びのリレー競争をしているのを見ていたときのことです。子どもたちは一定の距離をあけて立ち、ボールをもって走り、次の友達に渡していきます。どの子もボールを運ぶことが一番で、自分の番が終わったらそれで満足している様子。わずかな差でしたが、赤チームのアンカーの子が先にゴールしました。先生が「赤チームさんが勝ちです。バンザーイ。白チームさんもがんばりました。はくしゅー」と言うと、赤チームの子どもたちは万歳、白チームの子どもたちは拍手しました。一見、勝ち負けを理解しているように見えますが、保育者の言葉と身振りにうながされてやっているのであって、くやしがる姿や、「この次は勝ちたい」というような言葉はありません。

ルールに従って遊んだ結果に勝ち負けがある。子どもたちが、このルールを自分たちの外にある絶対的な基準として理解できるようになるのは、四歳半を過ぎたころからになります。それまでは、自分の外にある絶対的な基準についての理解はまだ難しいのです。そして、それが理解できるようになる過程において、葛藤があるのです。ばばぬきに負けて機嫌が悪くなってしまうというさきほどの男の子は、今、まさにこの育ちの過程にいるのです。負けてくやしいという気持ちは、それをばねにして伸びる力につながります。そして、何度もゲームをやって負けたり勝ったりを繰り返すなかで、それぞれのゲームがもつ面白さに気づき、ゲームそのものの本質を知っていくのです。

2　ルールがあるから面白い

ルールがあるから勝負がつく、ルールを守りさえすればあとは自由に作戦を立てて戦える。そのようなルールの面白さを実感できるようになるのは、五歳から六歳くらいです。

ルールのある代表的な遊びに鬼ごっこがあります。子と鬼の逃げる―捕まえるという単純なルールに新たなルールが加わることで、たくさんの種類の鬼ごっこが考えだされました。氷鬼、色鬼、警察役が泥棒役を捕まえるケイドロなどはみな、子どもたちがつくりだした伝承遊びです。

氷鬼は、鬼にタッチされると凍って動けなくなりますが、捕まっていない子にタッチしてもらうとまた動けるようになります。子が全員捕まったら鬼の勝ちですが、そこまでいくことはなく、たいがいの場合、走りつかれた鬼が交代し、遊びは続けられます。子どもたちは、汗で髪の毛がぬれるくらい延々と走り回って遊び、その体力と熱中ぶりに大人は到底ついていけません。子どもたちを魅了するこの氷鬼の面白さは、鬼から逃げることではなく、むしろ鬼にタッチされて捕まった瞬間、凍って動けなくなってしまうという虚構です。遊びに参加している子どもたちはこの虚構の世界を真剣に遊びます。凍って動けなくなってしまい「必ず誰かが助けに来てくれる」と信じて待っていると、そのとおりに助けが来ます。この遊びの虚構を成り立たせているのは、「鬼がタッチしたら凍って動けなくなる」「逃げている子が凍った人にタッチすると氷が溶けて動くことができるようになる」というルールです。このルールは絶対的なもので、参加者全員がこのルールのもとに遊び、氷鬼の世界がつくられています。

五歳児の子どもたちは、さらに遊びを楽しくすることを考えます。たとえば、鬼が子を捕まえることができるちょうどいい広さを考えて鬼ごっこのエリアを決めたり、鬼に捕まるスリルを倍増させるために鬼を二人にするといった新たなルールを加えたりします。子どもたちの遊びのルールは、もっと楽しく遊べるために考えられたものなのです。

　また、五歳後半から六歳くらいになると、友達と一緒になって、チームの一員としてゲームに取り組む姿が見られるようになってきます。一二月の冬晴れのある日、五歳児きく組の子どもたちが園庭でドッジボールをして遊びはじめました。一年前、四歳児クラスのときに、円いコートのなかにみんなが入って逃げ回る円形の転がしドッジボールから始まり、円形の投げるドッジボール、そして五歳児クラスになって二チームに分かれての四角いコートでのドッジボールへと徐々に形を変えて遊んできました。ボールを投げるのも肩の上から片手であるいは両手で投げたり、アンダースローで投げたり、みんな上手に遠くまで投げられるようになってきました。ルールも、内野の人は当たったら外野に出ること、はじめに外野にいた人はボールに当たって外野に出てきた人と交替で内野に入ること。そして、内野が一人もいなくなった方が負け、と、複雑なルールもおおよその子どもが理解できるようになりました。最近では、先生がいなくても、自分たちだけでゲームを進めることができるようになりました。

「ぼく、こっちチーム」「ぼくもいれて」と、二〇人ほどの子どもたちが四角いコートの右と左に分かれました。いつもドッジボールをとりしきってくれるまこと君が「ならんでー」とみんなを並べ、「一・二・三・四・五……」とそれぞれの人数を数えはじめました。「一一人。こっちは一・二・三・四・五……九、九人。一人こっちに移って」。すると、あつし君がさっと、少ないチームの方に移動しました。一秒でも早くドッジボールを始めたい気持ちなのでしょう。チームが決まると、各チームで外野に出る人を決めます。ボール投げが得意な男の子たちが、率先して外野に走っていき位置に着くと、さあゲーム開始です。ボールをとったまこと君とあつし君のチームはボールをぐるぐるとパスして回しはじめました。敵チームの内野の子どもたちは、コートの隅から隅へとボールの動きにあわせて走って逃げます。自分の近くに内野の子がうろうろしているのに気づいた外野のあつし君が、大きな声で「パスして、こっち！」とまこと君にボールを要求すると、まこと君はあつし君にタイミングよくボールをパスしました。ボールを受け取ったあつし君は、内野のかなちゃんに向けボールをぶつけます。かなちゃんの膝小僧にあたったボールは、地面に転がりました。「アウト！」。あつし君とまこと君は、「やったー」と目をあわせて思わずガッツポーズです。

チーム競技であるドッジボールは、ルールを互いに理解しながら遊びを進め、友達とのつながりを深めながら、協同して遊ぶ面白さを味わうことのできる遊びです。これまでの遊びのなかで、先生は時々「作戦タイム！　みんな、チームで集まって、作戦立てよう。ドッジボールは、ボールをぐるぐるパスして、相手の内野の人たちをあっちやこっちに逃げ回らせてねらうとアウトをとりやすいんだよ。どうしたら、うまくパスが回せるかな。チームのみんなで相談して、作戦立ててみて」と、チームのみんなが面白さを感じられるように、意図的に関わってきました。秋の運動会が終わり、子どもたちは友達と一緒にがんばることや、勝ち負けのつくゲームの面白さを理解できるようになっている、そんな子どもの姿を理解したうえでの関わりでしょう。

3　人と人がつながるゲーム

室内で遊ぶルールのある遊びには、トランプに代表されるカードゲームや、ボードゲームなどがあります。

なかでもトランプは、小型で簡単にどこにでももっていくことができ、また、「ばばぬき」や「七ならべ」など、小さな子どもからお年寄りまで誰でも知っていて一緒に遊ぶことができます。何人でも楽しめるということもレクリエーションにうってつけです。

ばばぬきも、七ならべも、数字が理解できていないと楽しめません。数字を覚えはじめた子どもは、トランプ遊びをとおして自然に数字への興味や理解を深めるとともに、ダイヤやハートなどの種類に分類することや、数字を順番に並べることで規則性を学んでいきます。

こうしたカードゲームやボードゲームには、①カルタやオセロゲームなど経験や知識の量が勝負に影響するもの、②ナンジャモンジャという謎の生物にあだ名をつけてみんなで共有し、次に同じものが出てきたときにその名前を早く言った人がカードを獲得し、獲得したカードの数で勝負が決まるカードゲーム「ナンジャモンジャ」（すごろくや）など、ひらめきや記憶力が勝負に影響するもの、③すごろくなど、まったくの運・偶然性が勝負に影響するものなどがあります。すごろくなどの偶然性に左右されるものは、大人が子どもにあっさり負けてしまうこともあります。

その場に集まった人がゲームを通じてつながり一緒に楽しい時間を共有できるのは、何にも代えがたい遊びの面白さだと思います。ゲームと聞けば、アプリや電子ゲームを思い浮かべるかもしれませんが、人と人がその場でじかにつながり、ともに笑いあって楽しめる素朴なカードゲームやボードゲームをもっと楽しんでみてはいかがでしょう。そんなゲームの一番の魅力は、ルールのもとではみな平等、というところにあるのかもしれません。親であれ、先生であれ、小さな子どもであれ、役割や立場からひととき解放され、等しく一人のプレーヤーとして競いあえるのです。

最初に紹介したトランプ遊びの男の子は、最近、すごろくにも熱中しているそうです。トランプと同じく、負けるのが嫌で、出したい数が出るまでサイコロを振ったり、「三つ戻る」という指示に従わなかったりするとのことですが、「ルールをちゃんと守らないとおもしろくないよ。ママもパパもわざと負けてあげることはできるけど、はじめから勝つとわかっているゲームは、おもしろいかな？」って何度も話したら、最近は、しぶしぶ「うん」って言うようになりました」とのこと。負けるときもあれば、勝つときもある。勝負することが楽しい、勝ったらうれしい。そんな気持ちでゲーム遊びに取り組めるようになったのでしょう。日々の遊びをとおして、子どもは着実に成長していきます。

III　暮らしと遊び

第11章　料　理——食を営む力

1　受動的な食から食を営む力へ

今、私たちは、お菓子やファストフード、インスタント食品や出来合いのお弁当、缶やペットボトルの飲み物など、お腹がすいたら二四時間営業のコンビニや自動販売機で、いつでも何でも手に入れることができます。お金さえあればお腹を満たすことができ、いつ食べるか、何を食べるか、誰と食べるか、どこで食べるか、何の制約もありません。たくさん物があり自由すぎるこの状況は、選んでいるようでいて実は何も考えていない、食に対する受け身的な態度を生みだしているように思います。そして、「食事がいただけた」という一食への思いを感じることなく、食べることが単に消費するだけの行為になっているような気がします。

子どもたちの食生活においても、様々な問題があげられています。お菓子やジュースを少しずつ常に口にするため空腹感を覚えることなく、一日三回の食事のリズムが大きく崩れてしまう。クラブ活動や塾、または、親の仕事の都合により、家族そろって食事する時間がもてず、一人で食事をする「孤食」の増加。ファストフードや西洋化された食卓、炭水化物を中心とした一品料理だけの「個食」と、その栄養バランスの悪さから生ずる生活習慣病予備軍といわれる子どもの増加。

こうした食をめぐる問題が社会的な課題として指摘されるようになり、二〇〇五年、国は「食育基本法」を制定しました。私たちの心やからだが「食」のうえに成り立っているという考えのもと、この法は「食育」を、「①生きる上での基本であって、知育、徳育及び体育の基礎となるべきもの、②様々な経験を通じて「食」に関する知識と「食」を選択する力を習得し、健全な食生活を実践することができる人間を育てること」と定義しています（内閣府食育推進室ほか「食育の推進に向けて～食育基本法が制定されました～」https://www.maff.go.jp/kinki/syouhi/seikatu/iken/pdf/syoku_suisin.pdf）。

「食」は、心とからだの発達に密接に関わっています。乳幼児期から食に対する豊かな体験を積み重ねていくことで、生涯にわたって健康で生き生きとした生活を送るための土台が築かれます。食育基本法においても、特に、成長期の子どもに対する食育は、子どもたちが一生涯にわたって健やかに生きていくための基礎をつくるものとして重視されています。

こうした流れのなかで、保育園や幼稚園においても、食育への取り組みが広がり充実してきました。厚労省の「楽しく食べる子どもに～保育所における食育に関する指針～」（二〇〇四年）には、「食育の目標」として実現を目指す五つの子ども像があげられています。①お腹のすくリズムがもてる子ども、②食べたいもの、好きなものが増える子ども、③一緒に食べたい人がいる子ども、④食事づくり、準備に関わる子ども、⑤食べ物を話題にする子ども。こうした具体的な子ども像をあげ、楽しく食べる子どもに育っていくための環境づくりや関わりが期待されています。

2　年齢にあわせた料理保育

食育の広がりのなかで、保育園や幼稚園の保育活動に、子どもたち自身が調理をして食べるという活動が積極的に取り入れられるようになりました。「料理保育」とか「クッキング保育」などの名称で呼ばれています。食材を見て、触って、それを使って料理することは、食べ物への関心と食べることへの意欲を高めます。

保育園の先生方が給食の指導で苦労されていることの一つに、子どもたちの偏食があります。子どもは味覚が十分に育っていないためにピーマンやゴーヤなど苦みの強い野菜を好まないのは仕方ありません。しかし、今まで見たことがない、何かわからないという理由から箸が伸びない、食わず嫌いが少なくないように思います。煮物に入っているひじきやきくらげ、高野豆腐、胡麻和えのすり胡麻など、かつてのおふくろの味、今ではおばあちゃんの味といわれる和食料理の食材は、子どもによっては馴染みが薄く、未知のものでしょう。料理保育は、様々な食材に出会い、その食材が形を変えておいしい料理になることを体験をとおして知ることができます。

本来、子どもたちは食べ物に関心があり、食べることが大好きです。料理にも挑戦したいと思っています。しかし、いつも時間に追われている親にしてみれば、子どもと一緒に料理に取り組む余裕はなかなかありません。保育園や幼稚園での料理保育は、そんな親たちの気持ちをすくいあげ、子どもたちの経験を広げる場になっています。

野菜を小さくちぎる

「今日の給食のメニューは野菜炒めだよー。ひよこ組さん、今日も、お手伝いお願いね。キャベツを小さくちぎってくださいね」。給食室の栄養士の先生が、洗ったキャベツの葉っぱをボールに入れて保育室にもってきました。

ちぎったキャベツはみんなの口に入るわけですから、衛生面には十分な注意が必要です。子どもたちは指の間、爪の間までしっかり石鹸で洗いました。調理台になるテーブルは、先生が殺菌消毒のスプレーできれいに拭きました。さあ、準備が整いました。

この保育園では、料理保育として、一、二歳から子どもたちが給食の下ごしらえのお手伝いをしています。「お手伝い」という言葉に気持ちをワクワクさせるようになった二歳の子どもたちは目をきらきらさせています。一人ずつにキャベツの葉が配られると、子どもたちはさっそくちぎりはじめました。「みんなのお口に入るくらいに、小さくちぎってね」「一回でうまくちぎれなかったら、何回もちぎって小さくしてね」。担任の先生と栄養士の先生は、一人ひとりの子どもの様子を見ながら、言葉をかけます。一歳の子どもたちは、まだ指先の力が弱かったり左右の手それぞれを前後にずらす動作が難しいので、うまくちぎれずにねじったり左右に引っ張ったりして苦戦しています。それに比べ二歳の子どもたちは、親指と人差し指と中指の三本がしっかり動いて、三本指でつまみ割いてちぎることができます。「ここ、かたい」「そう、かたいところは、芯、っていうの。芯は、とっても甘いんだよ」。そんな会話をしながら、まるで工作遊びのようなキャベツちぎりのお手伝いは、あっという間に終わりました。

キャベツをちぎちぎ

さあ、お昼ご飯の時間です。保育室に昼食が運ばれ、いい匂いが部屋中に広がりました。「みんながちぎってくれたキャベツ、このお皿の野菜炒めのなかに入っているよ。いっぱい食べてね」。「いただきます」のあいさつが終わると、どの子も、野菜炒めにまずフォークを伸ばします。「キャベツ、あったー」。上手にすくって口に入れニコッと笑います。「先生、キャベツ、おいしいよー」「先生も、キャベツ、食べてー」とあちこちから、大きな声がはじけます。「お手伝いをした日は、子どもたち、食欲旺盛なんですよ」と担任の先生が言いました。自分も調理の一端に加わり、こんなにおいしいお料理ができたという自信と満足感、喜びを、一歳、二歳の子どもたちも感じているのです。

お肉をこねて詰める

三歳児もも組の子どもたちが、今日は園で収穫したピーマンを使って、ピーマンの肉詰めをつくります。先生がひき肉とパン粉と調味料が入ったビニール袋を子どもたちに渡し「ぐちゅぐちゅって、こんなふうによくもんでね」とやってみせると、子どもたちも両手で袋をもってもみはじめました。最初は気味悪そうにためらっていた子も、友達が「あはは」と屈託なく笑いながらぐちゅぐちゅともんでいるのを見て手を出しました。「ぐちゅぐちゅ、ぐちゅぐちゅ、さあ、つくろう。おいしい肉詰め、さあ、つくろう」。先生が即興でリズミカルに歌って繰り返すと、子どもたちは、それにあわせて手を握ったり開いたりして一生懸命お肉をもみこみます。卵やパン粉がひき肉とよく混ざると、ピーマンに肉を詰めます。四歳・五歳のお兄さん・お姉さんが育てたピーマンは、大きさも形もバラバラで小さいのや細長くてちょっと曲がったものもあります。先生にビニール袋の一隅を切ってもらい「ぎゅー」とか「にゅー」とか言いながらひき肉をビニール袋から絞りだしてピーマンに詰めました。

そのとき、タイミングよく廊下を通った四歳児あやめ組の子どもたちに先生が声をかけ、完成したピーマンの肉詰めを見てもらうこととなりました。「あやめ組さんが畑でつくったピーマンで、もも組さんがピーマンの肉詰めをつくりました、これでーす」。四角いバットに並んだ肉詰めをあやめ組の子どもたちに見せると「わーすごい」「きれい」「じょうずにできたね」とみんなほめてくれました。もも組の子どもたちは大満足です。

昼食の時間、ピーマンが苦手な子が何人もいたのですが、そんな子どもたちもケチャップソースのかかったピーマンの肉詰めを完食してしまいました。不思議なことですが、子どもたちは自分が育てたものやつくった料理は、食べることができてしまうのです。「先生、見て、全部食べた」。ピーマンが嫌いなはずのはるき君が、カラのお皿を先生に見せに来ました。「はるき君、ピーマン食べられたんだね」と先生がほめると、はるき君は、自信からかいつもより饒舌になって、壁に貼ってある「三つの食品群」の図を見て、「肉は赤（体をつくる食品群）、ピーマンは緑（からだの調子を整える食品群）だよ」と話しました。まるで先生がいつもするような話し方です。

このビニール袋を使った料理のアイデアは、後日クラスだよりを読んだ保護者から反響があり、「この方法でこの次は子どもと一緒に家でもつくってみたい」という声が多数寄せられたそうです。子どもをとおして家庭の食の営みが見直されたり新たにつくられたりする、幼稚園や保育園の役割の大きさをこんなところにも感じました。

包丁で切る

四、五歳になると細かな手の動きも自分でコントロールできるようになり、ピーラーを使って皮をむいたり、子ども用の包丁を使って一口大に野菜を切ることも上手にできるようになります。

今日は、待ちに待ったカレーパーティの日。五歳児クラスの子どもたちがカレーをつくります。昨日のうちに洗っておいたニンジンやジャガイモ、茶色い皮をむいてつるんとした真っ白なタマネギが、給食室から保育室に運ばれてきました。さあ、いよいよ始まりです。ピーラーや包丁は刃物ですから、その扱いには十分な注意を払わなくてはいけません。「ピーラーのこの部分、包丁のこの部分は、刃といって、野菜を切ったりそいだりするところです。ここを手で触ると、みんなの手が切れてしまうから触ってはいけません、気をつけてね」。四歳児クラスのときから少しずつピーラーや包丁は使っていますが、毎回、先生は子どもたちに伝え、確認しあいます。

野菜は先生が半分に切って、ピーラーで皮をむくときも、包丁で切るときも、平らな面をまな板にぺたっとくっつけて置き、作業が始まります。野菜を片方の手でしっかり押さえ、ピーラーを少しずつ動かすとむけた皮がピーラーの二枚の刃の間からひょろっと出てきます。まだ皮がむけていないところを点検しながらニンジンやジャガイモの皮をむいている子どもたちは真剣そのものです。ねこの手でしっかり押さえ、包丁を下ろします。タテ、ヨコ、ヨコ、ヨコ、四回包丁を入れるだけでしたが、切り終わった包丁をもとの位置に置き、八個に切れた人参をボールに入れて次の人に代わった子どもの顔は、緊張から解き放たれた解放感と、やり終えた満足感でいっぱいでした。

こんなふうに、保育園や幼稚園では、栄養士や調理師といった給食の先生と担任の先生が連携をとり、料理保育が行われています。子どもたちは、年齢にあわせて楽しく調理の一端に関わり、食事をつくるところから食べるところまでを経験します。そんな体験をとおして子どもたちは、一皿の料理の過程にどれほどの人が関わり、どれほどの手間がかけられているのかを知り、「いただきます」「ごちそうさまでした」という言葉に自分の想いを込めることができるようになります。丸ごとそのままの形の野菜や果物、加工される前の生の魚や肉の状態を見たりふれたりすることで、子どもたちは植物や動物の命をじかに感じます。そして、食べることはその命をいただくことであることを理解します。料理保育は、まさに、そういったことを学ぶ場にもなっています。

3　食について知る

旬を知る

給食や家庭の食事のメニューを考えるときは、その地域でその時期にたくさん採れるいわゆる「旬」の野菜を取り入れます。旬の野菜は安く手に入りやすいということもありますし、もともとその野菜が育つ時期に自然な状態で太陽をいっぱい浴びて育った野菜は、とてもおいしく栄養もたっぷりだからです。

　しかしながら、今では、ビニールハウスで暖房を使って栽培したり、遠方で採れた野菜を短時間で運ぶ輸送業の発展もあり、たいていの野菜は全国どこでもいつでも手に入れることができ、旬がわかりにくくなっています。トマトなどは海外からの輸入品も含め驚くほど多くの品種が真冬でも店頭に並んでいますから、トマトの旬が夏だと知らない子どももいるのではないでしょうか。

　日本には明確な四季があり、季節によって変わる自然の風景とともに、旬の素材を活かし、目と舌で楽しむ料理が数多くあります。春は、苦みがおいしい山菜の天ぷらにふき味噌、エンドウマメのご飯に、グリーンアスパラはさっと湯がいてサラダに。夏は、太陽の光を浴びて色鮮やかに実ったみずみずしいトマトやキュウリ。ピーマンは肉詰めのように油で炒めるとてもおいしくなります。秋は、アツアツほくほくがたまらないサツマイモやサトイモなどのお芋。そして、ナシやクリ、カキにリンゴと果物の季節でもあります。冬は、カブやダイコンの根菜類が煮込み料理にはうってつけで、野菜不足を補う漬物にもなります。こうして思い浮かべただけでも、あぁ、またあれが食べたいなーと、季節の巡りが待ちどおしくなります。

　ある農家の方とお話をしたときに、「米もリンゴも、年に一回しか採れないから、おれが七〇まで生きたとしても、あと二〇回しかつくることができないんだよな」とおっしゃいました。いつでも手に入るとか、なんでもいいとかいう気持ちではなく、農家の方たちが一年に一回精力をそそぎこんでその作物をつくっていることを忘れてはいけないと、自分の生活を顧みながら思ったのでした。

実家では秋になると栗ご飯を数回つくって食べていました。実家を離れてからも、店頭にクリが並ぶと「ああ、秋だな。栗ご飯の季節だな」と、母と一緒に栗ご飯をつくったことを思いだし、「いっちょ、がんばるか」という感じで栗を少しだけ買い求めます。まん丸ぷっくり、てかてかに光ったクリ。皮をむくのは大変で面倒な作業です。小さなころは、母が鬼皮に包丁で切れ目を入れ、私が指ではがして鬼皮をむき、ふたたび母が包丁で渋皮をむいていました。いつのころから か便利な皮むき器を見つけました。それはとても重宝し、今ではそれを使っています。手間をかけてむいたクリを入れて炊きあがった栗ご飯は、その一品だけで「ごちそう」です。秋の味がからだのなかに広がるような感じがして、とても贅沢な幸せな気持ちになります。

保存食

梅干しや漬物にも思い出があります。庭にある二本の梅の木から採れた梅をもいで、母がせっせと梅干しをつくっていました。つくった梅干しは、朝ご飯の常食として、そして家族のお弁当に、一年をとおして大活躍しました。梅に含まれるクエン酸には抗菌作用・殺菌作用があるそうで、おにぎりの具やお弁当のご飯の上に必ずちょこんと入っていました。また、クエン酸は疲労回復にも効果があり、梅の酸味は唾液の出を促進し、消化作用が働くことで食欲増進がはかられ

梅干しづくりに挑戦

るのだそうです。ことわざで「梅は医者いらず」と言われるのも納得です。

また、冬のダイコンやノザワナはもとより、夏のミョウガやシロウリなど、その時期にたくさんとれる旬の野菜の漬物は、懐かしいわが家の味です。漬物は、たくさん採れた食材を大切にする気持ちと、冬の野菜が少ない時期でも繊維質や様々な栄養素が摂れるようにという知恵が込められています。生活習慣が変化して便利になり、かつてどの家でもつくられていたような保存食を家庭でつくることがかなり少なくなっています。かく言う私も、梅干しも野沢菜漬けもつくったことがなく、今現在も、母から引き継げてはいません。

京都のある保育園では、四・五歳児クラスの子どもたちが、味噌づくりや梅干しづくりに挑戦する取り組みも行われています。「買う」だけでは決して知ることのできない、食材の不思議な変化に驚く子どもたち。時間をかけて保存食をつくるプロセスは園児にとって貴重な体験になっているようです。

4　食文化について学ぶ

日本には、稲作を主とした農耕にまつわる伝統的な年中行事がいくつもあり、各行事では四季折々の食材を活かした行事食をつくって食べることが習わしでした。お正月のお節料理。桃の節句のちらし寿司やはまぐりの潮汁。端午の節句のちまきや柏餅。中秋の名月の月見団子や芋煮。冬至の南瓜と小豆のいとこ煮。これらの行事食にはその食材や料理に、それぞれ意味が込められていました。お節料理は、歳神様への供物料理であると同時に家族の健康繁栄を願う縁起物で、昆布巻きは「よろこぶ」、黒豆は「まめ」に過ごせるように、海老は「腰が曲がるまでの長寿」、数の子は「子孫繁栄」と、一つひとつに願いが込められています。端午の節句の柏餅は、柏の葉は新芽が出るのを待って古い葉が落ちることから家系が絶えないという縁起担ぎだと言われています。

科学が発展した現代では根拠のない迷信として扱われてしまうかもしれませんが、ここに込められた思いこそが、日本の風土の中で培われた日本の文化です。そして、その日本文化・日本人としての生き方や考え方を知ることが、私たちのアイデンティティの形成につながっていきます。

しかし、都市化、核家族化、生活の西洋化などにより、家庭や地域での伝統行事や行事食の継承が難しくなっている今、保育園や幼稚園がその一翼を担っているといっても過言ではないでしょう。節分の豆まき、桃の節句のちらし寿司、七夕の笹飾り、お月見の団子。なかでもお正月を迎える準備として一二月に行われる「おもちつき」は、家庭ではとてもできない体験の場となっています。

一二月の寒い朝ですが、園は朝から熱気に満ちています。「先生、おもちつき、いつ始めるの?」「早くやりたーい」。待ちきれない子どもたちは、もち米を蒸している給食室に行って、ガラス越しに様子をうかがっています。白い蒸気をもんもんと出して、蒸し器のもち米が蒸し上がりました。「これはね、もち米っていって、いつも食べているご飯のお米とは違うんだよ。おもち用のお米なの。ちょっとずつつまんでいいよ、熱いから気をつけてね」。子どもたちは、先生がしゃもじにひとすくいしたもち米のご飯を少しずつ指でつまんで口に入れると「おいしー」「すごくおいしー」「もっと食べたい」と歓声を上げました。

蒸し器から臼にもち米が移され、「さあ、これからついていきますよ」。地域の〝もちつきの先生〟が、杵をもち、先生が水の入ったバケツの横に立ちました。はじめに杵でもち米を周りからこねるように押しつぶしていきます。臼を取り囲む子どもたちは、臼のなかのもち米の変化に興味津々です。「さあ、そろそろいくかな」「はい、いいですよ」。つき手のもちつきの先生と返し手の先生が確認しあうと、杵が高く振り上げられました。「よいしょ」「はい」、「よいしょ」「は

い」、「よいしょ」「はい」……。かけ声にあわせて、ぺったん、ぺったんとおもちをつきます。ある程度、おもちらしくなってきたところで、子どもたちに代わります。「さあ、みんなも順番に、おもちをついてみましょう」。一列に並んだ子どもたちが、順々に杵を「よーい」ともち上げて、「しょ」で臼の真ん中目指して振り下ろします。「よーい、しょ」ぺったん、「よーい、しょ」ぺったん。一人数回のもちつきですが、初めての体験に、つき終えた子どもは大満足の笑みです。

みんなでついたおもちは、その日の給食になります。子どもたちもいっしょに丸めて、あんこと黄な粉と胡麻をまぶして、三色おもちができあがりました。

できたてのおもちを、子どもたち、そしてお手伝いに来てくださった保護者や地域の方々全員でホールでいただくことになりました。「みなさん、おもちつき、ご苦労様でした。おかげで、おいしいおもちがつけました」。食事の前に園長先生が、おもちつきについてお話をしてくれました。「もうじき来るお正月は、新しく始まるその一年、家族みんなが元気に過ごせますように、お米や野菜が立派に実りますようにと、その家を守ってくれる歳神様を迎える行事なのです。その歳神様がやってきてお座りになるところが神棚の鏡もちなんですよ。一二月に大掃除をするのは、歳神様をお迎えするための大掃除で、お正月の準備です。先生は、今年、みんなが元気に大きくなれたことに感謝して、そして、来年もいい年になりますようにと願って、みんながつくってくれたおもちをいただきます。では、みんなでいただきましょう」。目の前に置かれたおいしそうなおもちが気になる子どもたちでしたが、園長先生のお話はとてもわかりやすく、腑に落ちたようでした。

第12章　食　事——共に食べる喜び

「さあ、ご飯できたよ。みんな呼んできて」。お母さんが煮物を盛りつけながら、傍らで料理の様子を見ていたあきちゃんに声をかけます。台所を駆け出たあきちゃんは、おじいちゃんの部屋のふすまを開けると、「おじいちゃん、ご飯」と声をかけ、次にテラスから庭にいるお父さんに、「パパー、ごーはーんー」と思い切りさけびました。お父さんの「すぐ行くよー」の返事を聞いて、任務終了。あきちゃんは、台所に駆け戻りました。お母さんと一緒に食事の準備をしていたおばあちゃん、リビングで遊んでいた小学生のお姉ちゃん、しばらくして、三世代六人が食卓に着きました。

「いただきます」の六つの声が台所に響くと、大皿に箸を伸ばす六本の手が出たり引っこんだり、しょうゆやドレッシングが右から左に、左から右に。そして、女の子二人のじゃれあうようなおしゃべりに重なる大人たちの会話や笑い声。六人の食卓はなんともにぎやかです。食欲旺盛な子どもたちの食べっぷりに、大人たちにもうれしい笑顔がこぼれます。

1　孤食の増加

冒頭の食卓の風景は、知人の家を訪ねたときの様子です。こんな大家族の食事風景は、今では珍しくなりました。二〇一八年の国民生活基礎調査結果（厚生労働省）によると、三世代家族はわずかに五・三パーセント、単独世帯は二七・七パーセント、核家族（夫婦のみ、夫婦と未婚の子、ひとり親と未婚の子のみ）世帯は六〇・四パーセントです。

私の幼児期は昭和四〇年代です。私は四歳までは、祖父母・叔母・両親・弟と私の七人の大家族でした。その後、核家族になりましたが、幸いなことに朝・夕の食事は、ほとんど家族四人全員そろってのにぎやかなものでした。そのため、大学生になって一人暮らしを始めたとき、食事の時間のなんと寂しかったことか。つくるのにはそれなりの時間がかかるのですが、話す相手のいない一人ぼっちの食事はあっという間に終わってしまい、むなしい気持ちになるのでした。独り立ちを迎えた若者の多くが経験する一コマでしょうが、慣れるまでにずいぶん時間がかかったことを思いだします。

食事は家族みんなそろってというのがわが家のきまりでした。小学生のころ、見たいテレビ番組と食事の時間が重なったときや、思春期を迎えたころにはそれが面倒に感じることもありましたが、いざ毎日朝・夕の食事が一人だけになってみると、家族で囲む食卓のありがたさをしみじみと感じたのでした。

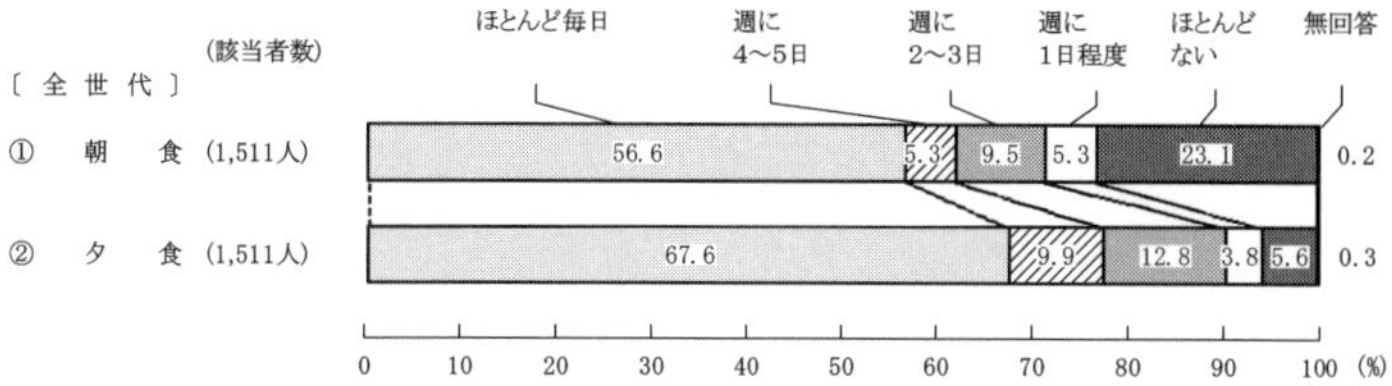

注：家族と同居している人が対象
出所：農林水産省「食育に関する意識調査報告書（2019年調査）」2020年

家族と一緒に食べる頻度

現在、単身者のみならず家族がいる場合でも、一人で食事をする「孤食」が多くなっています。農林水産省が二〇一九年に実施した「食育に関する意識調査報告書」（農林水産省「食育に関する意識調査報告書」https://www.maff.go.jp/j/syokuiku/ishiki/r02/pdf/houkoku_2_3.pdf）によると、ほとんど毎日家族と一緒に食事を食べると回答した人は約六割にすぎず、朝食を家族で食べることが「ほとんどない」という人は二三・一パーセント、「週に一日程度」を合わせると二八・四パーセントと三割近くにもなります。また、夕食の場合は九・四パーセントと全体の約一割弱を占めます（上の図）。

また、食事自体をとらない人も増加しています。朝食欠食状況は、小学六年生で五パーセント弱、中学生三年生ではやや増加して六パーセント強になっています（次ページの図）。

こうした孤食の背景には、親の長時間労働や、家族それぞれの仕事・学校・部活・習い事などのタイムテーブルの違い、ひとり親家庭における長時間労働など、様々な社会的原因があることが想像できます。

しかし、それだけではなく、環境の変化や人々の意識の変化も

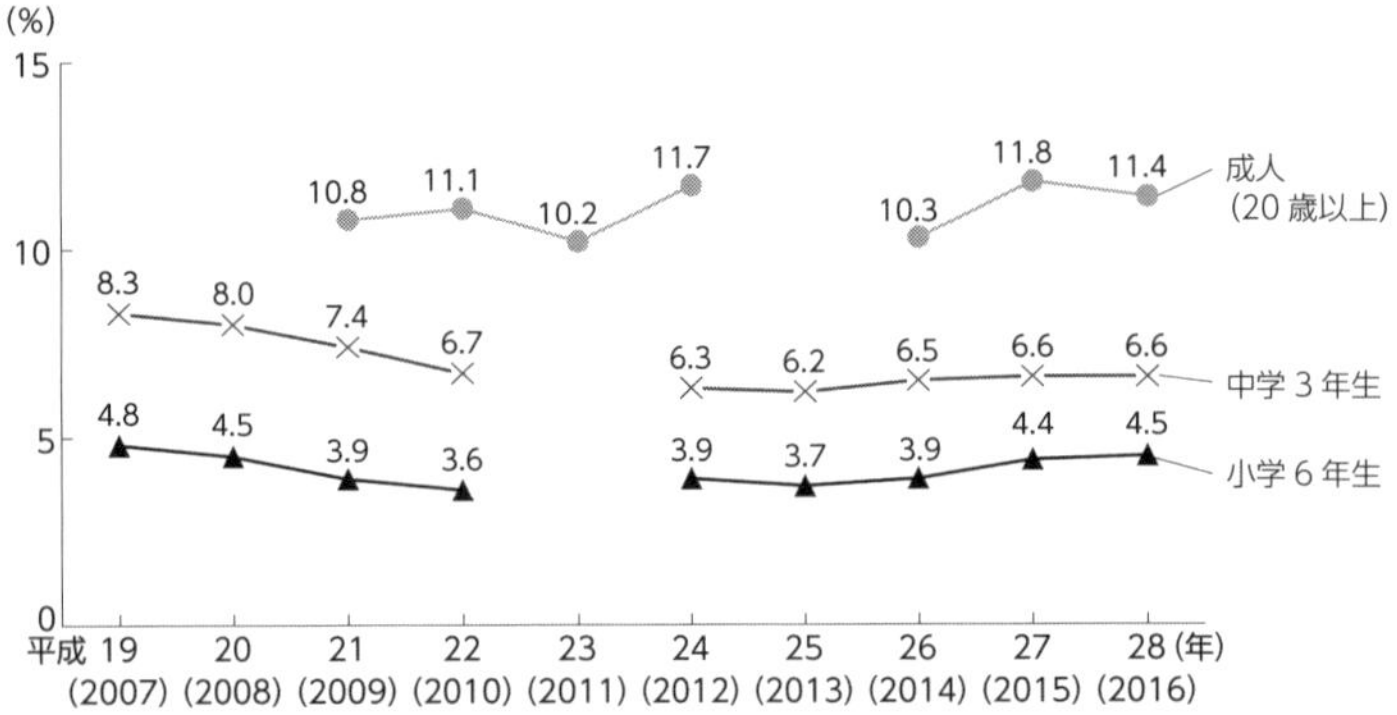

注：１．成人については「週に２〜３日食べる」「ほとんど食べない」と、児童・生徒については「あまり食べていない」「全く食べていない」と回答した人の割合。
２．成人は、農林水産省（平成27〔2015〕年までは内閣府）「食育に関する意識調査」に、小学６年生・中学３年生は、文部科学省「全国学力・学習状況調査」に基づく。

出所：農林水産省「平成28年度　食育白書」2017年（https://www.maff.go.jp/j/syokuiku/wpaper/attach/pdf/h28_index-8.pdf）

朝食欠食状況の変遷

大きいでしょう。お金があればコンビニなどでいつでも好きなものが手に入ります。そして、歩きながらでも電車やバスのなかでもどこで食べても平気という人々の意識の広がりは、食事の時間に家に帰るという必要性を小さくしてしまいました。

　しかし、食事はただ栄養をからだに取りこむという行為ではありません。食事の乱れは生活パターンの乱れを引き起こし、健康を損なうだけでなく、心の不調をもたらします。「ひとはパンのみにて生くるものにあらず」というのは、旧約聖書にあるモーゼの言葉ですが、食事は親しい人とともに過ごす安らぎの場、心の拠り所として大切な意味をもっていると思います。

2　共食が培う食への意識

孤食の問題に対応して、誰かとともに食事をとる「共食」が食育において重視されるようになりました。食事においてなによりのごちそうは一緒に食べる人の笑顔や、その人たちとの楽しいおしゃべりではないでしょうか。食卓に並んだ料理の感想、その日あった出来事、次の週末の相談など、たわいないおしゃべりをしながら家族や友人と過ごす食事の時間は、楽しく安らぎを覚えるひとときとなり、心にもたっぷりと栄養が注ぎこまれます。

また、家庭は、子どもが食事のマナーを身につける場ともなります。「いただきます」「ごちそうさま」という食事のあいさつから、食器や箸のもち方、人に不快感を与えない食べ方、食べ物やつくってくれた人に感謝し大事にいただくことなどを子どもたちは学びます。

私も、ふと、遠い昔の子どものころに、祖母や母に食事のマナーについてよく注意されたことを思いだします。串刺しのように食べ物に箸を突き刺す「刺し箸」は品がない行儀の悪い食べ方でよくない。二人の箸で一つのものをつまむ「合わせ箸」は火葬後の骨を拾うことにつながるからしてはいけない。茶碗にご飯粒が残っていると、「お米一粒一粒には神様がいらっしゃるよ」ときれいに最後の一粒まで食べるように教えられました。「米」という字は「八」と「十」と「八」からできていて、八八の手間をかけて一年に一回しか収穫できないという話などもあわせて聞かされると、近所の農家の方の顔がうかび、必死に最後の一口をのみこんだりしました。魚の骨がうまく取れずあきらめて食べ終わろうとすると、「こうやって取ると、ほらこんなに」と母が取ってくれ、皿に残った骨が標本のようにきれいだったこと。毎日の食事で繰り返し教えられたことが、私のからだにしみこんで、私の食事のマナーや食事への意識を培ったことは確かだと思います。

最近は、「孤食」のみならず、同じ食卓を囲んでいても、個々がそれぞれ好きなものを食べる「個食」も増えています。子どもが食べないからという理由で子どもには好きなものを用意すると話してくれたお母さんがいました。また、子どもばかりでなく親もそれぞれ好きなものを買ってきて食べる家庭もあるようです。

子どもは、食卓を囲んだ親がおいしそうに食べている様子を見たり、食材について話しあったりすることで、様々な食材・料理に興味をもち、口にするようになります。そうして、食べる喜びや一食一食への感謝の気持ちを育んでいくように思います。

3　みんなで食べる給食

「誰かとともに食事をする」の「誰か」とはかならずしも「家族」を意味しません。家庭の外にも共食の場はあります。

たとえば、学校給食には一世紀以上の歴史があります（藤原辰史『給食の歴史』岩波新書、二〇一八年）。保育園・幼稚園、小学校、中学校と、子どもたちはそこそこの年月を給食と関わりながら過ごします。私たち大人も、給食については誰もが何らかの思い出をもっているのではないでしょうか。

私も断片的にですが、いくつもの場面や友達の姿が思いだされます。昭和五〇年代のことです。コッペパンはあまりおいしくなくて、時々マーガリンやジャムが出るとうれしかったこと。米飯給食が始まり、納豆がおかずに出ると教室中に納豆の臭いが充満し気持ち悪くなったこと。ご飯と牛乳のミスマッチを感じつつ、それを受け入れざるをえなかったこと。いつもおかわりをし、なおかつ一番に食べ終わってグラウンドに駆けだしていったK君。笑い上戸のF君が牛乳を吹きだした事件。一番小さくて食が細いMちゃんは、一番前の席でいつもお昼休みになっても給食を食べていたこと。

今とは違い、給食を特においしいと思った記憶はありません。かといって、偏食がなかった私は、給食に対して特別嫌な印象が残っているわけでもありません。ただ、四〇人が二人ずつ並び、みんな黒板の方を向いて食べるというのは味気ない食事風景だったなと思います。毎日、どんなふうに食べていたのか、隣の男の子（が多かったと思います）とのおしゃべりの様子はまったく思いだせません。

そんな私が給食をいいなと思うようになったのは、保育者養成に携わる大学の教員になって、幼稚園に顔を出させてもらうようになってからです。その幼稚園は、自園給食でした。午前中、

みんなで食べる給食は最高！

給食室の隣にある中庭で子どもたちと遊んでいると、ふわーっとおいしそうな匂いが漂ってきます。「今日の給食なあに？」。子どもたちは待ちきれないというように、給食室の栄養士の先生に尋ねていました。

給食の時間になると、それまで絵を描いたり工作をしたり、ままごとや積み木で遊んでいた保育室が食事の場になります。先生が四〜五人の子どもたちが向かいあって座れるように机を並べ、そこにさっとテーブルクロスをかけると、お部屋は一気にランチルームの様相に変わりました。ときには、一輪挿しの花がテーブルに飾られることもありました。同じ部屋、同じ机やイスですが、こうしたちょっとした先生の工夫によって、生活の場がその時々にふさわしい場につくり変えられることに感動しました。

幼稚園においては、遊びも食事もそれぞれが、子どもたちにとって、人として生きていく基礎的な力を身につける学習の場です。その一つひとつの活動にどんな意味をもたせられるかは、その園や先生の教育観や文化観が大きく影響するように思います。食事はなにより楽しい時間でなくてはならないと私は考えていますが、この園の先生方もそんなふうに考えていらっしゃるのだと共感したのでした。

実際、このように一緒に食べる人がいて楽しい雰囲気がある食事の場は、子どもたちの食べることへの意欲や関心にも大きな影響を与えます。ホウレンソウが嫌いなすばる君は、溶き卵スープにホウレンソウが入っているのを見つけ浮かない顔でした。「あ、すばる君、ホウレンソウが嫌なのかな？」と、先生はすばる君がホウレンソウが嫌いなことを知っていて声をかけました。「えー、うーんー」と、すばる君ははっきりしない返事をしています。そのやり取りを聞いていたあきほ君が「おれ、ホウレンソウ、す・きー！」と、器からホウレンソウを箸でつまみ上げ、ぱくんと口に入れて見せました。その様子がなんともおかしく、一緒にテーブルを囲んでいた子どもたちも先生も大笑いしました。そして、「ぼくも、ホウレンソウ、す・きー！」「わたしも、ホウレンソウ、す・きー！」と、次々に真似をしはじめました。盛り上がった雰囲気に包まれたからか、すばる君は一番小さいホウレンソウを器からつまみだし、ぱくりと口に入れました。「わーすごい、すばる君、ホウレンソウ食べられた。すごいよ、すばる君。どう、おいしい？」と、先生が声をかけると、「まずい」と一言。すばる君のその正直な返事に、先生はおかしくなってまた笑ってしまいました。友達が食べている姿を見ると、「おいしそうだな、自分も食べてみようかな」という気持ちになるようです。

給食の献立は、栄養のバランスやエネルギー量、全体の色合い、咀嚼力の育ちなど多方面から考えて、栄養士さんが作成しています。家ではどうしても子どもの好きなものや簡単につくれるものに偏ってしまいがちですが、和食から中華、洋食まで実に幅広く、そして旬の食材を活かした献立を考えてくれます。使用される食材も、多種多様です。「まごわやさしい」は、医学博士の吉村裕之さんが提唱しているバランスのよい食事の覚え方で、「まめ、ごま、わかめ＝海藻、やさい、さかな、しいたけ＝キノコ類、いも」の頭文字をつなげたものです。これらの食材を一日一回は摂りましょうということですが、こういった食材も給食にはよく使われます。

好き嫌いなくなんでも食べられるようになってほしい、いろいろな食材を使った料理を知ってほしいと思っても、実際、家庭でできることには限界があります。お迎えにきたお母さんに、「今日はすばる君、ホウレンソウを自分で食べられましたよ」と先生が伝えると、「すばるは、幼稚園の給食のおかげで元気に大きくなれているんです、ありがとうございます」と、おっしゃいました。子どもにとってみても、そして親にとってみても、給食はとてもありがたいものと言えるでしょう。

4　つながりとしての食

給食の歴史をみてみると、給食は常に貧困と災害への対応として発展してきたこと、今も子どもたちの命を守る重要なセーフティネットでありつづけていることがわかります（藤原、同書）。明治期、貧困層の子どもたちの就学の機会の確保を目的に誕生した学校給食。大正時代には凶作による欠食児童の命を守るために給食が支給されました。そして、戦後GHQによる児童の体位向上と栄養教育の見地から学校給食が全国的に実施されました。家庭で十分な食事がとれない子どもの命を、一日一食の給食が守ったのです。栄養バランスやエネルギー量が考えられた給食によって、子どもたちの体格の向上、体力の向上はもとより、トリ目や皮膚病の改善も図られたのでした。そしてまた、みんなが給食で出される同じものをともに食べることで、子どもは貧富の差が出やすい食事の格差に心を痛めることなく、給食の時間を過ごすことができたのです。

福祉と食という観点から近年注目されているのが「子ども食堂」です。子ども食堂は、地域住民や行政が主体となり、無料または低価格で子どもたちに食事を提供する場です。二〇一二年に東京都大田区の八百屋の店主が、食事が十分にとれない子どもの存在を知って取り組みはじめ、瞬く間に全国に活動の輪が広がりました。日本は豊かな国だと思われていますが、実は七人に一人の子どもが「相対的貧困」の状態にあるのです（厚生労働省「平成29年版厚生労働白書―社会保障と経済成長―」https://www.mhlw.go.jp/wp/hakusyo/kousei/17/dl/1-02.pdf）。

当初は、貧困家庭の子どもたちに食事を提供し、飢えから守ることを目的とした取り組みが主流でしたが、その後、子どもだけではなく高齢者や様々な地域の人々が集うコミュニケーションの場、子どもの見守りの場として機能しており、二〇一八年には全国で二三〇〇か所を数えます

（NHKハートネット「「こども食堂」ってどんなところ?-」https://www.nhk.or.jp/heart-net/article/119/）。

農林水産省が実施した子ども食堂の実態調査によると（農林水産省「子供食堂向けアンケート調査 集計結果 一覧」http://www.maff.go.jp/j/syokuiku/syukeikekka.pdf）、月に一回の開催が約五〇パーセント、二週間に一回の開催が約二五パーセントとなっています。月に一、二度であっても、おいしい温かい食事をそこに集った人たちと一緒に食べる場があることが、子どもたちにとって大きな意味をもっていると思います。

核家族化、単身家庭の増加、格差の増大といった社会において、給食や子ども食堂といった家庭外の共食の場は、子どもたちの命を守るため、そして、人とつながりあう幸せを感じながら育っていくために今後ますます重要になるでしょう。私にできることは何か、今、大人たちみんなが真剣に考える必要があるように思います。

第13章　かたづけ――秩序を身につける

積み木を積んでは倒したり、小さな人形たちを一列に行儀よく並べたり、「ブォーン」と唸りながら車を部屋じゅう走り回らせたり、おもちゃがあることで子どもは活発に遊びを生みだします。三歳ごろになるとお気に入りのおもちゃを使い、まとまった時間一人で遊ぶことができるようになります。

遊びに夢中になっている子どもに、「さあ、もうすぐお出かけするから、おかたづけしよう」と声をかけても、なかなか大人の思うようにはいかないものです。「使わないものまでこんなに出して」「さあ、一緒にかたづけようね。自分で使ったものは自分でかたづけなくちゃ」などと言いながら、結局親がかたづけることになるのが常ではないでしょうか。家庭において、親が子どもにかける言葉で多いのは、「早く」と「かたづけて」なのだそうです。

三歳くらいまでの子どもたちにとっては、かたづけは、大人が思うよりもずっと難しいことのようです。そもそも、おもちゃは遊ぶものであって、かたづけるものという意識がもてないのです。それに、幼稚園や保育園と違い、自分の部屋の自分のおもちゃをいちいちかたづける必然性が感じられないのです。

保育園や幼稚園では、集団生活ということ、生活のリズムが毎日ほぼ同じように回っていることもあって、子どもたちはかたづけの時間になると、自分が使ったおもちゃをせっせとかたづけます。親は、参観日にそんなわが子の姿を見ると、家の様子との違いに驚いてしまうようです。保育の実習に行った学生も、「子どもたちはかたづけも遊びのように楽しんでやっている」、そして、「あんなふうに、子どもたちがかたづけに取り組めるように指導している先生はすごい」と感想を漏らします。

1　かたづけも遊びのうち

三歳児クラスの保育室では、二〇人ほどの子どもたちが思い思いに遊んでいます。ブロックでヒーローごっこの道具をつくっている子、粘土でヘビやボールをつくっている子、お家ごっこでお料理をしている子、などなどです。

一〇時になり、かたづけの時間です。先生が、「かたづけの時間ですよ。おもちゃをかたづけようね」と子どもたち一人ひとりに声をかけて回ります。三歳のはじめごろは、「みんな」に自分も含まれているとはまだ意識できない子もいます。「おかたづけだ」と、すぐに取りかかる子もいれば、「もうちょっと遊びたい」と遊びつづけている子どももいます。二〇人も子どもがいれば、いろいろな子どもがいるし、ペースやそのときの気持ちもそれぞれです。

ブロックをブロック用の箱にかたづけたひろし君に、先生は「ありがとう。これで明日もまたすぐ使えるね」とか、ごっこ遊びのエプロンをたたんでもってきたみなちゃんに「きれいにたたんでくれて、ありがとう。次に使う人が気持ちいいね」と言っています。友達が先生にほめられたり感謝されている言葉を耳にすると、遊びつづけていた子どもも、そろそろといった感じで遊びに一区切りをつけます。「先生、わたしもかたづける」と、わざわざ言いにきてから、粘土を引き出しにしまいにいくような子もいます。

三歳を過ぎると、子どもは友達への関心が高まり、クラスの先生や友達といっしょにやることに喜びを感じるようになってきます。また、賞賛や感謝の言葉で自分の行為が認められることに誇らしさを感じて、積極的に取り組む姿が見られます。先生の「ありがとう、気持ちよくなったね」、や「ありがとう、次の人が困らないね」といった言葉からは、単にほめるだけでなく、かたづけの意味も子どもが理解できるようにという先生の意図がうかがえます。

ある日のこと、このクラスでは新聞紙を折ったり丸めたり、そして最後はちぎって舞い上がらせて遊びました。大盛り上がりの活動のあと、保育室は新聞紙のくずでいっぱいです。「わー雪みたいだね。さあ、雪を集めて、この大きな袋のなかに詰めよう!」。くず、ゴミにしか思えなかった新聞紙が、先生の一言で真っ白な雪になり、子どもたちは雪合戦の雪玉をつくるように集めて丸め、先生がもつ袋のなかに次々詰めこんでいきます。あっという間にお部屋は〝雪〟のかけら一つない、いつものお部屋に戻りました。そして、そこにすっくと立っていたのは、大きな袋と小さな袋を重ねてつくった雪だるまです。

ちぎって舞わせた新聞紙を雪に見立てることで、新聞紙のかたづけは子どもの遊びになりました。子どもたちが遊びとしてかたづけに取り組めるように誘い、遊んだあとのすっきりかたづいた空間の気持ちよさを感じられるようにする先生の保育は、さすがだなと感心したのでした。

2　モノを分類する

子どもたちが帰ったあと、保育者は、各保育室をはじめ園庭や遊戯室、トイレなどを掃除します。このとき、各場所のちょっとしたことから、子どもたちの育ちの実態がみてとれることがあります。かたづけの時間、先生は「ブロックはこの箱に入れてね」「人形はこの棚に置いてね」などと、それぞれのおもちゃを分類したり決められた場所にかたづけられるように声をかけて見守ってはいるものの、なかなかすべての子どもの一挙手一投足を把握することは難しいものです。掃除の時間にあらためておもちゃの棚を見てみると、木製の積み木とブロックが一緒に入っていたり、抱き人形とごっこ遊びのエプロンやスカートが一緒に入っていたりします。なかま分けに迷ってしまったかなと思えることもあれば、急いでいたり面倒くさくて確かめずにさっと放り入れたのかなとも思えたり。先生は、その日遊んでいた子どもの姿とおもちゃを結びつけながら考えます。

園では、それぞれのおもちゃを種類ごとに分類して、箱や棚にかたづけるようにしています。部屋に散らばっていなければいいと、適当に箱や棚にしまいこむのはかたづけとは言えません。みんなで使うおもちゃだから、誰もが使いたいときに迷わず使えるようにするのが大事です。そのためには、分類しておくことと、常に決められた場所にしまうことが必要です。

三歳くらいまでの子どもたちは、先生に確かめてもらったり、箱についている絵や写真を見ながら、おもちゃをかたづけます。積み木は木で、ブロックはプラスチック、積み木は平らで、ブロックには凹凸がある、というように素材や感触が異なります。子どもは遊びながらそれぞれの特質に気づき、積み木とブロックという名前とともにそれぞれを分類して理解できるようになります。そのものにふれて遊ぶ経験のみならず、それをかたづける経験のなかでも、素材や用途によってモノを分類することを学んでいきます。

3　かたち・構造を理解する

五歳児クラスの男の子たち五、六人が、ホールに置いてある木製の大積み木を使って、秘密基地をつくっています。一・五メートルの幅、三方を一メートルくらいの高さに積みあげて、天井に板を渡し、四、五人が小さくなって入れるほどの立派な基地です。彼らのイメージの世界では、架空の敵が幼稚園のどこかにいるようで、「ここなら見つからないぞ」とか、「そうだ、ピストルでやっつけよう」と基地のなかで作戦を練っています。そして、保育室からもってきたブロックでピストルをつくると、それを携えて、架空の敵がいるらしい場所に出かけていきました。基地に戻ってはまた飛びだすというのを何度か繰り返しているうちに、かたづけの時間になってしまいました。

これだけ大がかりだと、つくるのに相当の時間がかかりましたが、かたづけもまた大変です。この幼稚園では、遊戯室の壁の一面に平らになるように数段積み上げる形でかたづけていました。三角柱もあるので、二つあわせて立方体にしたり、直方体も高さのあるものと低いものの二種類があるので、隙間がないように積み上げていくのはパズルのように難しいのです。

重い大積み木を一つずつ運んで置いてを繰り返すのはとても大変です。基地を解体しながら、どれを先に置くか、後のことも考えながら、全体に目を向けて作業を進めます。右から左からとそれぞれに並べてきたら、真ん中の隙間に入る積み木の大きさがあわなくなってしまったり、三角を途中に入れたらなぜか三角の積み木がもう一つ足りなくて隙間ができてしまったり。先生は「隙間なく積んでね」とは言っていないのですが、子どもたちは、壁のように隙間なくでこぼこがなくかたづけたいのです。

「ここあいてるよ」「じゃ、やりなおそうか」と試行錯誤しているうちに、かたづけの時間はもう一〇分を過ぎてしまっています。みんなの額が少し汗ばんでいます。先生は、一回のぞきにきたものの、「お部屋で待ってるからね」と言い残して戻っていきました。男の子たちが、自分たちで考えて協力できること、きっとやり終えて帰ってくることを、先生は知っているんですね。二〇分後、すべての大積み木をかたづけ終えた男の子たちは、達成感に満ちた顔でホールを後にしました。

立体については、小学校四年生の算数で習いますが、丸ごとからだで挑んだ立体の経験は、頭のなかで立体を操作する力へと確実につながっていくことでしょう。

4　身の回りを整える

衣服をたたみそれを引き出しにしまう、汚れた衣服を洗濯かごに入れる、脱いだ靴をそろえるといった身につけるものの始末、また、布団を敷いたりしまったりといったことも、身の回りを整えるかたづけの活動です。

そして、自分の身の回りを自分で整えられるようになる、自分のことが自分でできるようになるということは、子どもの自立心を育てるためにとても大切なことです。自立心とは、子ども自身が何をしたいのかを考え、それを意思表示し、実現するための心構えだと言えます。その自立心が育つには、身の回りのことを大人にやってもらうのではなく、「ぼく」「わたし」が自分でできるという自信をもてるようになることが必要です。

子どもは、大人のやっていることに興味をもちます。洗濯物の衣服をたたむこともそんな一つでしょう。山になっていた服たちが、きれいに四角にたたまれ、整然と積み上げられた光景は、同じものがまったく違う形・状態に変化する面白さを感じさせますし、その整然とした光景は「すっきり感」ももたらします。

子どもが興味をもって真似してやってみても、最初はなかなかうまくいきません。縦に半分に折って、次にそれを横に折って、なんとなく四角に近い形になりますが、角はばらばらでそろってはいません。洋服が左右対称になっていることを意識して端と端、角と角をあわせるように半分に折ることは、形の認識ができていないと難しいことです。そして、きちんと角をそろえて折るには指先の力や器用さ（巧緻性）の育ちも待たなくてはいけません。折り紙とは違って、大きさも形も違う服を目の前にして、それぞれ、「これはどんなふうにたたんだらいいかな」と、子どもはいちいち考えながら、洗濯物と向きあうのです。頭と指先を使うので、子どもにはちょっと難しいけれど、それも楽しい遊びになります。

洗濯された衣服をきちんとたたみ、引き出しの決まったところにしまうこと。そうすることで、着替えるときにさっと必要なものが取りだせ、しかも、きちんとたたんであるから気持ちよく着ることができる。そうした体験の積み重ねから、子どもたちは、かたづけることの必要性に気づいていきます。

この「気持ちよさ」を実感することは、かたづけという生活行動を身につけるときのポイントです。しわだらけの服は格好悪い。汚れた服が脱ぎ散らかされていたら気持ち悪い。布団がずっと敷きっぱなしでは気分がよくない。靴を脱ぎっぱなしにしていたら落ち着かない。この感覚が、身の回りを整えることの必要性をうながし、行動として身についていくのだと思います。

それとあわせ、保育園や幼稚園といった集団での生活の場においては、自分のものは自分で管理することが必然的に求められます。みんなが揃いの制服や体操着を身につけ、同じクレヨンやハサミといった道具をもっています。名前は書いてありますが、子どもたちにはそれを見て自分のものだと判断することはできません。ですから、子どもたちはそのつど、自分のものを自分のロッカーや引き出しにしまうことを教えられます。

園では、一人ひとりの子どものロッカーや引き出しに、名前やマークのシールを貼って、誰の場所なのかを示しています。ここはぼくの・わたしの、靴をかけるところ、帽子を置くところ、クレヨンを入れるところと、一か所ずつ誰の・何を置くところかが示されます。決められた場所に決められたものを置くという行為は、二つのことを一対一対応させて理解する力の育ちがあってこそ可能になります。

たかがかたづけと思われるかもしれませんが、生活を営んでいくにあたって欠かせない行為です。幼児期にその基礎を身につけておけば、その後もずっと続いていく生活を秩序だった心地よいものにすることができるでしょう。

第14章 買い物——社会の仕組みにふれる

子どもを連れてスーパーに買い物に出かけると、カートの上でぐずったり、お菓子売り場のところで駄々をこねたり、店内を走り回って他のお客さんにぶつかりそうになったりと、気が気ではありません。そんなことでイライラしたくはないからと、子ども連れの買い物はできるだけ避け、保育園のお迎え前に一人で済ませたり、父親か母親のどちらかが家で子どもと留守番をしてどちらかが買い物に出かけたり、宅配やネットショッピングを利用するなど、様々な対処を考えている家庭は多いようです。

1　子どもを買い物の相棒に

私の友人もこうした親の一人で、子どもが小さなうちはスーパーマーケットなどへの買い物になるべく連れていかないようにしていたそうです。ところが、小学校に入学するころになって、はたと子どもが野菜や果物や魚の名前をぜんぜん知らないこと、そして、お金の使い方についてもほとんどわかっていないことに気がつき、焦って一緒に買い物に出かけるようにしたそうです。たしかに、子どもが、親が買ってきたものだけしか見ていないとしたら、それはスーパーマーケットに並べられている商品のほんの一部です。

二月上旬ごろ、私がいつも行くスーパーで果物を物色していると、傍らに来た四、五歳の男の子がお母さんに、「これはなにみかん？　こっちはなにみかん？」といよかんとポンカンを指さして聞きました。どちらもオレンジの濃い色合いですが、いよかんの方が大きくかたい皮、ポンカンは小ぶりで手で簡単にむけるほどの薄い皮でぽこぽこしています。この子はこれまでの経験を寄せ集めて、「みかん」という柑橘系のくくり、つまり概念の枠組みをつくっている最中なのですね。「なにみかん」という言葉をかわいく感じるとともに、この子の頭のなかがとても激しく動いているのを感じました。

お母さんは、「こっちの大きいのが、いよかん。こっちの小さいのが、ポンカン。ポンカンって、面白い名前だね。どっちか、食べたい？」と、男の子に聞きました。「うん」と答える男の子に対し、「どっちがいいかな。ポンカンは、あまいよ。いよかんはね……、いよかんも、あまいな」と、うまく答えられなくて困ってしまうお母さんでしたが、ほのぼのとした楽しい親子の会話でした。

さて、私の友人の話に戻りましょう。彼女いわく、その後子どもを買い物に連れていくようになってわかったのは、子どもたちを買い物の相棒にしてしまうと、買い物は楽しくなるということとだそうです。買い物に行く前に、買い物リストにあげたものを子どもに伝えます。「今夜はカレーをつくろうと思うけど、豚肉とタマネギとニンジンがないから、忘れないように買ってこようね。それからサラダもつけたいから、トマトも買おう。キュウリとレタスはあるのよ。もしブロッコリーが安かったらそれも買おうか」。すると子どもは、それぞれの売り場を探してくれたり、タマネギはいくつ買ったらいいか考えたり、こっちが大きいとか小さいとか、こっちの方がおいしそうだとか、とても主体的に買い物の相棒になってくれるというのです。

子どもがスーパーマーケットなどで親を困らせる行動をとってしまうのは、子どもにとってそこが退屈で意味のない場所になっているからではないでしょうか。子どもに目的を伝えたり、役割を与えたりすれば、張り切ってがんばってくれるかもしれませんね。スーパーにある数えきれないほどの食材や日用雑貨などのモノについて子どもの関心に応えていけば、買い物は子どもにとって発見に満ちた楽しい時間になるにちがいありません。

2　お金の価値を知る

ある幼稚園では、毎年秋が深まると、お店屋さんごっこに取り組みます。つくったものを使って遊びたい、〇〇屋さんになりたい、お客さんになって買いものをしたい、など子どもたちの思いが膨らみます。折り紙でつくった色とりどりのお花が並ぶお花屋さん、本棚から絵本をもってきて並べた本屋さん、毛糸や紙でつくったスパゲッティーやカレーを紙皿にもったレストラン、絵具で色づけした水をペットボトルに詰めたジュース屋さんなど、手づくりの商品が並ぶお店屋さんが次々にできあがりました。さらに、先生が紙を丸く切って硬貨を、四角に切って紙幣をつくり、そこに数字が書ける子どもは自分の書ける数字を書いてお金をつくります。

ケーキ屋さん「いらっしゃいませ！」

自分たちでつくった商品を並べてお客さんを待つ子どもたち、紙のお金をもって欲しい商品を選ぶ子どもたち。「いらっしゃい。どれにしますか？」「これ、ください。いくらですか？」「三〇〇円です」「はい、どうぞ」「ありがとうございます。これ、おつりです」。家族と買い物に行った経験が、ごっこ遊びに表れています。

お金はとても大切なもので、子どもが勝手に使えるものではありません。子どもは、欲しいものは選べても、自分でお金を支払うことはできません。生活のなかではできないからこそ、子どもはお金にとても関心があります。そんなあこがれがごっこ遊びのなかで実

『100円たんけん』表紙

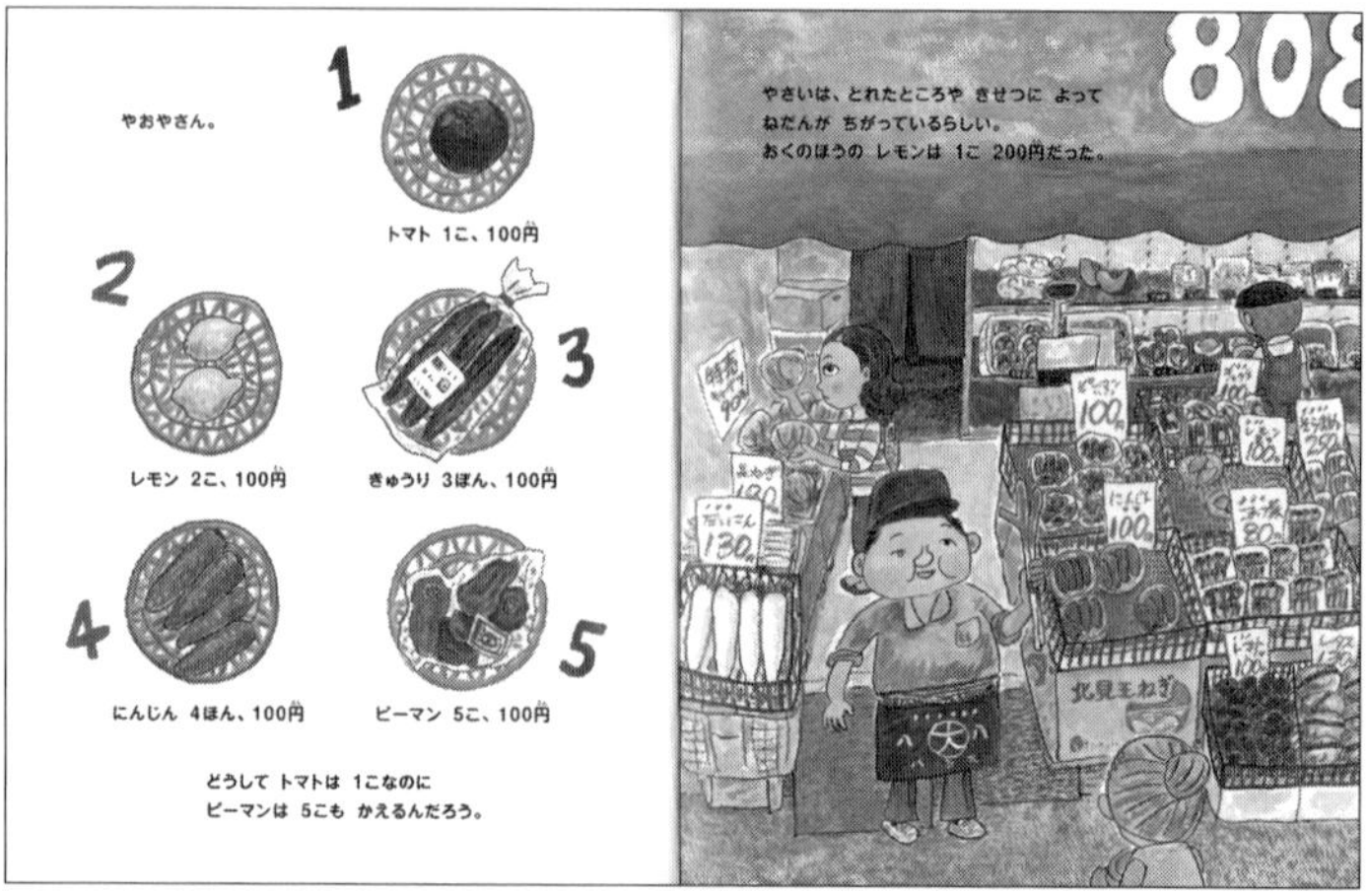

『100円たんけん』18-19ページ

現できるのが楽しいようです。

では、そもそもお金って何でしょう？　お金で買うとはどういうことでしょう？　これに答えてくれるぴったりの絵本があります。『100円たんけん』（中川ひろたか：文／岡本よしろう：絵、くもん出版）です。お母さんと、コンビニと一〇〇円ショップで買い物したぼくは、「よそのお店では、一〇〇円で何が買えるのかな？」と疑問に思い、商店街を探検してみることにします。名づけて「一〇〇円たんけん」。

お肉屋さんで一〇〇円ぶんのお肉を頼むと、豚肉と牛肉では一〇〇円で買える量が違いました。八百屋さんで一〇〇円で買える野菜を尋ねると、トマトは一個、ピーマンは五個、レモンは二個。でも、一個二〇〇円のレモンもありました。野菜は、採れたところや季節によって値段が違うと教えてもらいます。ケーキ屋さんで一〇〇円分欲しいと言ったら断られてしまいました。一〇〇円分はホールケーキの一八分の一、角度で言ったら二〇度分だそうです。品物の種類や量はそれぞれ違うけれど、みんな一〇〇円。一〇〇円という同じ価値。お金はモノの価値を表すものなのです。

お金で買うことのできるものは、モノばかりではありません。コインパーキングはにぎやかな商店街にあるところは二〇分一〇〇円ですが、郊外の海辺にあるコインパーキングは六〇分一〇〇円と、場所によって停められる時間がずいぶん違いました。タクシーに乗って目的地に運んでもらうこと、ピアノを習うことといったサービス・行為に対しても、その価値に対して相応のお金を払います。

お金の話を子どもにするのはあまり良いことではないように思われがちです。しかし、私たちの生活はお金によって成り立っています。サービスといった形に残らないものにもお金が支払われることで、様々な仕事が成り立っています。そして、生活のすべてにお金が関わってくることを知るのは、生活を主体的に営んでいくために大事なことではないでしょうか。商品とお金のやり取りを具体的に見ることから、様々なモノや行為に価値があること、さらにどんなふうに価値が決められているかにも気がついていくことでしょう。お金の価値がわかってこそ、お金に還元できない価値への理解も進むのではないかと思います。

3　働く大人と関わる

小学生になり、計算ができるようになったら、自分で考えて買い物をさせるといいでしょう。「牛乳買ってきて」と五〇〇円玉を渡されて買い物にいくのと、三〇〇円渡されて「三〇〇円以内だったら、なんでも欲しいものを買っていいわよ」と言われて買い物をするのとでは、まったく違います。小学校の遠足のおやつを、三〇〇円もって買いにいったときの思い出は、もうはるか昔のことですが、まだ記憶の片隅に残っています。三〇〇円以内に収まるように、種類や量を考えて満足いくように買うものを決めるのは結構時間がかかりましたが、楽しいものでした。

また、買い物は、働く大人と出会う場でもあります。スーパーの棚に商品をきれいに並べる人、鮮魚コーナーで刺身の盛りあわせをつくる人、お客さんの質問に答えて商品の説明をする人、レジを担当している人。お店のなかにはたくさんの大人がいて、役割を分担して働いています。大人が気持ちよくきびきびと動く姿は、子どものあこがれとなって、お店屋さんごっこに反映されるのでしょう。

現代は多くの人が会社員ですから、生活の場と職場が分離し、子どもたちは親の働く姿を見る機会がありません。自分の親は、どんな仕事をしているのか。それが自分の生活とどうつながっているのかが、わかりにくいのです。買い物は子どもにとって働く人を知る一番身近な場所、社会への窓口かもしれません。

食べ物を買って手に入れることができるから、ご飯が食べられて、生きることができる。お店で売ってくれる人がいる。商品をトラックで運んでくれる人がいる。その商品をつくってくれる人がいる。どんな商品をみんなが欲しがっているかを考える人がいる。絵本やインターネットを利用して、子どもたちとモノの流れを「たんけん」してみるのもいいでしょう。「このお菓子はどうやって私の手に届いたのか」を探検していくと、様々な働く人の存在を知り、私たちの生活が多くの人の力によって成り立っていることを、子どもたちは感じ取ることでしょう。

第15章 栽培——自然を観察し、命を感じる

『おおきな　おおきな　おいも——鶴巻幼稚園・市村久子の教育実践による』（赤羽末吉：作・絵、福音館書店）という絵本をご存じですか？　芋ほり遠足を楽しみにしていたのに、当日は雨降り。芋ほり遠足は一週間延期となり、楽しみにしていた子どもたちの気持ちはどうにもおさまりません。「おいもはね　一つ　ねると　むくっと　おおきくなって（中略）七つ　ねると　いっぱいおおきくなって　まっててくれるよ」という先生の言葉に、子どもたちの想像はぐんぐん広がり、紙をたくさん継ぎ足して大きな大きなお芋の絵を描きます。大きな大きなお芋をやっとのことで掘りあげ、ヘリコプターで幼稚園に運びます。まずはプールに浮かべて船ごっこをし、次は飾りたてて「いもざうるす」に変身、最後は大学芋に天ぷら、焼き芋など、お芋料理をいっぱいつくってお芋パーティーを開きます。この絵本は幼稚園の先生である市村久子さんの保育実践から生まれた作品です。自分たちが育てたお芋を収穫するんだという意気込みと土のなかにあって掘りだすまでどのくらい大きく育ったかわからない期待感が、雨降りで中止になってしまったことで一層膨らみ、子どもたちの想像がとてつもなく広がったのでしょう。

この絵本がつくられたのは五〇年近く前のことですが、現在、食育への取り組みが広がるなかで、子どもたちが野菜を育て、収穫し、それを食べるという一連の活動が保育の場に積極的に取り入れられるようになりました。学生が実習を行わせていただいている保育園や幼稚園に伺うと、園庭の一部を野菜畑にしたり、プランターを使ったり、近所の畑を借りたりなど、それぞれの園の事情にあわせたかたちで、サツマイモやジャガイモ、プチトマトやキュウリ、ナス、トウモロコシなどを栽培している園が多く見られます。

1　サツマイモの苗植え・ツル返し

サツマイモは、五～六月に苗植えをして、一〇～一一月ごろに収穫します。収穫したお芋はしばらく保管がききますから、調理して食べる活動もでき、多くの園で栽培されています。

五月の下旬、五歳児クラスの子どもたちが、サツマイモの苗植えをすることになりました。この幼稚園では、歩いて一五分ほどのところにある畑を借りて、毎年サツマイモを育てています。この畑の持ち主のおじいさんが、子どもたちにサツマイモづくりを教えてくれる〝畑の先生〟です。土づくりも含め、子どもたちや幼稚園の先生ができない畑の世話もしてくれます。

畑に着いた子どもたちは、さっそく畑の先生に苗の植えつけ方を教えてもらいます。三〇センチほどの葉っぱが付いた茎が配られると、子どもたちは不思議そうに見ています。きっと、ひょろっとした緑の茎と紅色の大きなサツマイモが結びつかないのでしょう。

「この茎を地面に差しこんで植えておくと、この茎みたいな緑のところからだんだん根が出てきて、それが伸びていって、そこにお芋の赤ちゃんができて大きなお芋に育つんだって」と、先生は畑の先生のお話をかいつまみ繰り返して伝えましたが、子どもたちは不思議そうな顔をしています。

子どもたちは、畑の先生が土を盛り上げてつくってくれた畝《うね》に沿って並び、土を掘り、一人二本ずつサツマイモの苗を寝かせるように置いて、その上に土をかけました。子どもたちが苗を慎重に扱ってそっと土をかける姿には、園庭での土遊び・砂遊びとはまったく違う緊張感が漂っています。生きている苗、育っていく苗、ここに命があると子どもたちはちゃんと感じているようでした。

七月の夏休みに入る前、子どもたちはふたたび畑に出かけました。苗植えのときとは一変した畑の様子に驚く子どもたちです。「葉っぱがいっぱいだー」、「ツル、のびてるー」。なかには「ジャングルだー」などという子もいます。たしかに隣の畝に届くほど長く伸びたツルはもさもさとして、植物が生い茂るジャングルのようです。地面に這うように広がった茎からは白い根が出て、地面と茎をくっつけています。

畑の先生が、「土のなかのお芋がもっともっと大きくなるように、この白い細い根っこを地面から離すよ。ツルをえいやっともちあげて、ひっくり返すようにしてくださいね」と子どもたちに作業の手順を伝えます。このままだと、土のなかの栄養が茎から葉っぱに行ってしまい、お芋に行く栄養が少なくなってしまうのだそうです。

子どもたちはかけ声をあわせ「いち、にいのさーん」と、友達と一緒に一気にツルをひっくり返そうとします。息を合わせてもち上げましたが、四方に広がって伸びたツルの重さと、そのツルからたくさん出た白い根が地面にはりつく力で、思った以上に大変な作業です。「わー、重たいよー」「ツル、強いなー」と、子どもたちはツルと格闘するように何度も何度もひっくり返しました。

五月には弱々しい短い茎だったものが、二か月余りのうちにこんなに大きく、こんなに強く育っていることを、子どもたちはからだ全体で感じたようです。「大きくなったね。太陽の光をいっぱい浴びて、雨の水を飲んで、畑の先生が世話をしてくれて、こんなに大きくなったんだね」。先生の言葉に、子どもたちはしっかり耳を傾けていました。

2　サツマイモの収穫

一〇月の終わり、待ちに待った芋ほりです。保護者の方も参加しました。まずは、大人がスコップで土を掘り起こし、子どもたちは軍手をはめた手でお芋を一つずつ掘りだします。小さな手で少しずつ掘っていくと、お芋が見えはじめました。「みつけたー」「うぉー、あった」「大きいぞー」と子どもたちは大興奮です。芋を見つめる真剣なまなざしが、ふと隣の友達のそれと交錯して、お互いうれしそうにニヤッと笑いました。しばらくお芋の周りをあちこちから掘って掘って、「ぬけたー」。やっとお芋が抜けました。ごつごつした丸いもの、ひょろりと細長いもの、子どもの両手からはみでるほどの超特大のものもあります。掘りだすたびに子どもたちは、「見て見てー」と先生を呼んだり、友達と見せあっています。

畑の隅には山のように積まれたお芋のツルとサツマイモ。子どもたちは一人一つずつ選んでリュックに入れ、家にもって帰ります。しばらく風通しのよいところに置くと味がよくなるそうですが、家にもって帰った〝収穫の証〟は、子どもたちの早く食べたいという思いが勝って数日中には食卓に並ぶようです。「先生、サツマイモね、てんぷらにしてもらった」「お母さん、とん汁に入れてくれて、食べた」「お休みの日にね、ママとスイートポテトつくるの」。毎日、子どもたちからサツマイモ料理の報告がありました。子どもたちは先生や友達に、サツマイモを家族が喜んでくれたことを、とてもうれしそうに誇らしげに話します。

そして、まだまだたくさんあるお芋は、園庭で焼き芋をして、園のみんなでいただきます。五歳児クラスの子どもたちがお芋をきれいに洗います。大きなお芋は先生が適当な大きさに切り、それを、四歳児クラスの子どもたちもお手伝いして、ぬれた新聞紙でくるみ、その上からアルミホイルでしっかり包みます。園庭に大きな石やレンガを並べ、小枝と園庭のお掃除のときにためておいた落ち葉を積み重ねます。火をつけるともくもくと白い煙がわき上がり、風下の子どもたちは目を押さえたり、逃げ回ったり。しばらくして、おき火ができたらそこにお芋を入れて、待つこと三〇分。ほくほくの焼き芋のできあがりです。少し冷めるのを待って、五歳児クラスの子どもたちが、他のクラスの子どもたちや園長先生、事務室の先生にお芋を配ります。

焼き芋を届け終わり保育室に戻ってきた子どもたちは、いつにもましてお兄さん、お姉さんの顔です。「おいしいなー」と実感を込めて言うまさひろ君の声に、けい君、せいが君の「おいしいなー」「おいしいなー」の声が重なりました。自分たちが育てたお芋を、園のみんなで味わうことに大きな喜びを感じているようでした。食べ物が人と人をつなぎます。

3　実体験をとおした学び

サツマイモを収穫しているときのことです。こう君が半分だけ姿を現したサツマイモを掘りながら、「どうやっておおきくなったのかなぁ」とつぶやきました。そのつぶやきを先生は聞きもらしません。こう君に目をあわせて、「不思議だね。本に書いてあるかな？　サツマイモの絵本があるか、探してみようね」と答えました。こう君は「うん」とうなずきました。

先生がこう君の疑問にぴったりの一冊の絵本を見つけてもってきたのは、数日後でした。『おいもができた』（馬場隆：監修／榎本功：写真、ひさかたチャイルド）は、農家を取材し、苗づくりから、サツマイモが土の中で育っていく様子が写真で紹介されている科学絵本です。先生とこう君が絵本を見ていると、他の子どもたちも集まってきました。「五月に、みんなもこんなふうに苗を植えたね。細くて短かかったよね。それが、こんなふうに葉っぱを増やしていくんだよ。土のなかでは、根が伸びて、赤くなって、ほら、根がお芋になっていくの」先生の解説を聞いて、「根がお芋になるの?」とこう君が質問しました。「そう、こんなふうに」写真を一枚ずつ見ながら、見えない土の中でお芋がどんなふうに大きくなっていったのか、子どもたちはその過程を知ったのでした。「ときどき掘って、どのくらい大きくなっているか見せてあげればよかったね」。先生が保育を振り返って言いました。

子どもたちは自分の周りの世界に強い関心をもっています。五歳くらいになると、人間・動物と植物の違いもわかり、はじめと終わり・原因と結果を結びつけて考えることができるようになります。自然の摂理などに関しても身近なものや体験をとおして関心をもつようになります。子どもたちは、自分のなかに生まれた「なぜ?」の問いの答えを探るなかで、考える力を育て、新たな知識を得ていきます。子どもの「なぜ」をどう引きだせるか、どういう取り組みによって「なぜ」に対する答えを探せるか、大人の知恵が試されています。

ひょろりとした苗の感触、ふわっとした土の弾力、ジャングルのごとく生い茂るツルの強さ、土のなかでむくむくと大きくなったサツマイモの重さ。そんな体験のなかで見つけた「なぜ」が、科学の目の芽生えです。「どうして?」「知りたい!」は、からだと心、双方が動くなかで生じます。からだが動いて、心が動く。心が動いて、からだが動く。そんな繰り返しのなかで、感性、意欲、知識がどんどん大きく育っていきます。

4　命の循環への気づき

『おいもができた』では、苗がどうやってできるかも紹介しています。たしかに、苗植えの時期になると、種苗店やホームセンターの園芸コーナーでサツマイモの苗が束になって売られています。幼稚園では、畑の先生にお願いして準備してもらっていましたので、どうやって苗ができるのかは、実は私もこの絵本を見るまで知りませんでした。サツマイモの苗は、春、秋に収穫したお芋に土をかぶせ、一定の温度を保つようにして発芽させてつくるのです。「はー、そうだったのか」、考えればわかるようなことなのですが、サツマイモから緑の芽が出て伸びている写真を見て、お店で売っているサツマイモの苗の束とやっとつながったのでした。

お芋は、種芋と言われる去年の秋採れたお芋から芽が出て、それを苗にして育てると、またたくさんのお芋が採れる。幼稚園の花壇で育てた朝顔やヒマワリは、種をまいて芽が出てぐんぐん伸びて、花が咲く。花が枯れるとそこに種ができる。子どもたちは栽培をとおして、花や野菜といった植物も、人間と同じように生きていて、おじいちゃんやおばあちゃんからお父さん・お母さん、そしてぼくやわたしというように、親から子に命がつながっていることに気づいたようです。

この　おいも、どう　するの？
ほりだして　みたら、
わっ！　おいもから
たくさんの　め。

お芋から出た芽が苗になる（『おいもができた』6-7 ページ）

そして、お芋などの野菜を食べて私たちは生きている。様々な命をいただくことで、私たちは生かされている。そうした大きな命のつながりも、お芋の栽培をとおして感じることができるでしょう。

私の知り合いに、定年後、実家の農業を引き継いで取り組んでいる人がいます。お米づくりが中心ですが、家族や親戚に分けるほどの野菜も栽培しています。四人のお孫さんがいて、そのうち二人は野菜づくりに関心があり、「じいじ、畑に行く」と一緒にやろうとしてくれるのが張りあいになっているそうです。孫たちの口に入るということもあって無農薬にこだわった野菜づくりは、「虫との戦い」だそうです。

ジャガイモの害虫、ニジュウヤホシテントウは、葉脈を残して葉っぱを食べてしまいます。この虫はテントウムシダマシとも呼ばれ、見た目はテントウムシに似ていますが、黒い斑点の数が多く、全体がオレンジ色をしています。テントウムシに似ていると聞くとかわいいイメージがわくかもしれませんが、農家にとっては害虫です。害虫は捕って殺すのが、農家にとってはまっとうなことです。この知人も、朝夕の涼しい時間帯、葉の表面に止まっているニジュウヤホシテントウを見つけては、せっせとペットボトルに入れこみます。二人の孫も、じいじにならって害虫を捕獲します。

じいじは、孫たちに、虫たちに「死んでもらう」ことを飾らない言葉で伝えていました。人間の都合で良い虫と困った虫がいること、困った虫は捕獲しなくてはならないこと。飼っていたカブトムシが死んでお墓をつくる場合とは違う虫との関係を、子どもは知るのです。

お店に行けばなんでも売っている現代だからこそ、野菜を育てるという体験は「生きる」ことを考える大切な機会となります。

あとがき

私が大学教員となり、保育者養成にかかわって三〇年程になります。はじめはちょっと年下の後輩くらいだった学生が、今では親子ほどの歳の差になりました。子どもの成長に関わる職業につきたい、子どもの発達とくに心理学を学びたい、音楽が得意なので保育の場でこの力を活かしたいなど、児童学科への進学の思いはそれぞれですが、「子ども」に関心をもち、多かれ少なかれ保育者への道を考えている人がほとんどです。毎年四月に喜びに満ちた新入生を迎えると、こちらも気持ちが引き締まり、彼女たちの夢がかなうよう一緒に歩みたいと思うのです。

かくいう私も児童学科の卒業生です。「自分はどんなふうに今のこんな〝わたし〟になったのかな」と、ふと、自分の来し方（なのか内側なのか）に目が向いたのが進学のきっかけでした。卒業が目の前にちらつくようになっても、この先どんな職に就こうかあやふやなままだったことを思いだします。ですから、入学した学生たちが、子どもの育ちを支える保育者になりたいと話すのを聞くと、「すごいな」と素直に思ってしまいます。将来を見据えていること、誰かのために貢献したいと考えていること、どちらも私にはなかったものです。

そんな私が保育の面白さを感じ、子どもとともに生活をつくりだす保育者という仕事の魅力を強く感じるようになったのは、大学教員になってからでした。この本で取り上げたいくつかの幼稚園や保育園で、子どもたちと一緒に遊んだり給食を食べたりと生活をともにした経験、またときには、先生方と連携を取りながら保育実践をさせてもらった経験をいくつも重ねるなかからでした。

本書の「はじめに」で、子どもと遊べない大人の話を書きましたが、私もはじめはまさにそうした大人でした。子どもたちの遊びに入れてもらうのですが、ついつい先回りをして何かを教えようとしたり、大げさになんでも褒めてみたり、子どもとおなじ目線に立って遊ぶことができなかったのです。

あるとき、園庭に出て鬼ごっこを始めることになった五歳児の子どもたちに、私も加わりました。大急ぎで帽子をかぶり園庭に出たのはいいのですが、なにやら集まって話をしています。「今日さー、鬼、多くしようよ」「えー！」「だって、多い方がおもしろいよ」「やだ、つかまるもん」「でも、なかなか、おれんとこに鬼が来なくて、つまんない！」。追いかけられるスリルをもっと味わいたい子と、そうではない子とで、思いが違うようです。「早くしないと遊ぶ時間がなくなっちゃうよ」と、ひとこと言いたくなる気持ちをぐっと抑えて、その日は子どもたちの様子をちょっと距離をおいて見ていました。

鬼を多くしたい子といやな子のやり取りが続きます。そんななか、「鬼がいっぱいってさー、鬼天国だー！」と、いつも面白い発想をするアイディアマンの男の子が奇想天外なことを言いだしました。「へんなのー！」、子どもたちはお互いの体をすり寄せるように群れあって笑いだします。なんて楽しそうなこと。「鬼天国」という言葉に私も思わずワクワクした、そのときです。「ああ、今このときも鬼ごっこの一部分なんだ。遊びなんだ。みんな一所懸命、どうしたらもっと楽しく遊べるかを考えている」と気づいたのです。

そんな見方ができるようになると、生活のあらゆる場面で、子どもたちの姿が実に生き生きと見え、一緒に遊ぶのがとても楽しく感じられるようになったのです。「あっ、今、この子は、育とうとしている！」とドキドキする瞬間もあり、これが保育の楽しさ、よろこびの一つなのだと思えるようになりました。

在学生の実習先に挨拶に行くと、保育者として働いている卒業生に再会することがあります。園長先生に「ほら、あそこに」と指さされた砂場の方を見ると、「めだかの学校」（茶木滋：作詞／中田喜直：作曲）の「だれが生徒か　先生か」さながらに、子どもといっしょになって遊んでいる卒業生がいました。

私に気がついて駆け寄ってくれた彼女は、保育者になって三年目。「悩んだり、考えたりばかりで、保育は難しいです。でも、毎日子どもたちと一緒なのが楽しいです」。子どもたちと生活をともにしながら、「子どもの育ちを支えたい」という夢をかなえつつある彼女の言葉や表情には、頼もしさが感じられました。
彼女のような、子どもと関わることに喜びを感じ、成長しあっていける大人が、子どもたちの周りにたくさんいてほしいと思います。私もそんな一人であるように、これからも子どもたちと関わり、いっぱい遊び、そして学生たちと学びあいながら、大切に培われてきた子どもの文化を耕しつづけていきたいと思います。

今回、この本を書かせていただいたことは、あらためて子どもの遊びや生活について深く考える機会となりました。この機会を与えてくださった世界思想社に深く感謝するとともに、構成や原稿について丁寧にアドバイスくださった編集部の川瀬あやなさんに、この場を借りてお礼を申し上げます。そして、最後になりましたが、これまでお世話になった幼稚園や保育園の先生方、子どもたち、自身の子育て談を聞かせてくれた知人らにも深く感謝いたします。

著者紹介

松崎行代（まつざき　ゆきよ）
1967年生まれ。長野県松本市で育つ。飯田女子短期大学幼児教育学科教授を経て、現在、京都女子大学発達教育学部児童学科教授。博士（現代社会）。
学生とともに地域での人形劇活動に取り組んだり、国内外の人形劇鑑賞を楽しんだりしながら、保育や子育て支援の現場でどのように人形劇を活用できるかについて研究している。飯田市をフィールドにした人形劇によるまちづくりについても実践的な関わりをもちながら研究している。
著書に『子どもの生活と児童文化』（共著、創元社）、『児童文化の伝統と現在Ⅲ』（共著、ミネルヴァ書房）、『地域社会からみた人形劇フェスタ』（晃洋書房）、『つながってく。人形たちと歩んだ30年』（編著、いいだ人形劇フェスタ実行委員会）などがある。

こどものみらい叢書④
遊びからはじまる

2020年10月20日　第1刷発行　　定価はカバーに表示しています

著者　松崎行代
発行者　上原寿明

世界思想社
京都市左京区岩倉南桑原町56　〒606-0031
電話　075(721)6500
振替　01000-6-2908
http://sekaishisosha.jp/

（印刷・製本　太洋社）

ISBN978-4-7907-1746-1

「こどものみらい叢書」創刊のことば

終戦より七十余年を経て、私たちをとりまく世界は大きく変化しています。こどもの生活や教育の問題については、長期的なヴィジョンと個別の適切な対応が必要にもかかわらず、長い混迷状態から抜け出せていません。

私たちには、前の世代から受け継いできたものをより豊かにして次の世代につたえていく責任があります。そのために、いま一度、私たちの行為が「こどもたちの幸せにつながるのか」という視点に立ち戻る必要があるのではないでしょうか。

そこで当社では、さまざまな分野の専門家によるエッセイをとおして、こどもたちについてより深く理解すると同時に、こどもたちの生命と人権が尊重され、かれらが自由に未来を創造できる社会を考察しようと、本叢書を企画いたしました。

こどもは、一粒の小さな種子であり、遙かなる生命の歴史と叡智が詰まった贈り物です。また、こどもは芽を吹きはじめた一本の苗であり、みずから生きていく強い力をもっています。本叢書が、そんな可能性を秘めた小さな命を育む営みに少しでも寄与できればと願っています。

こどものみらい叢書

「こどもの幸せ」を守るために私たちは何ができるか？　これからの社会をつくっていくこどもたち、そのこどもたちを育てるおとなたちを応援するシリーズ。

①
おいしい育児
家でも輝け、おとうさん！
佐川光晴

おとうさんが家事と育児をするのが当たり前になれば社会は変わる。主夫として二人の息子を育ててきた小説家が提案する豊かな育児生活。

②
お山の幼稚園で育つ
山下太郎

歩いての登園、森の探検遊び、俳句の素読などユニークな実践をするお山の幼稚園。幼児教育の大切さを信じる園長が子ども達の輝く姿を綴る。

③
子どもが教えてくれた世界
家族社会学者と息子と猫と
片岡佳美

子どもの言い分に耳を傾ければ、大人社会のありようが見えてくる。息子&猫と暮らす家族社会学者が、日常の中の疑問を考えるエッセイ。

④
遊びからはじまる
松崎行代

子どもにとって生活は遊びそのもの。絵本、紙芝居、人形劇、お絵かき、ごっこ遊び、料理、栽培…。沢山の遊びから子どもの育ちを見つめる。

こどものみらい叢書

以降、続々刊行予定

おかあさんのミカタ　高石恭子

子どもが言葉にであうとき　永田 紅

子どもたちに寄り添う現場で　寺尾紗穂

私を育ててくれた本たち　中島京子

こどものしあわせ、支えるしかけ　山田 容

書名は変更になる場合があります。